HEIDI MEYER
mit SVEN HUSUNG

# Die Zeit ist schneller als ich

Erste Auflage - Juni 2022

Titelbild - Heidi Meyer

Umschlag und Inhalt:

Layout + Satz - GRACO Berlin - Marc Pfretzschner

Redaktion: Heidi Meyer, Sven Husung

VERLAG - Atelier im Bauernhaus

In der Bredenau 6

28870 Fischerhude

www.atelierbauernhaus.de

Druck und Verarbeitung:

Ales Vokurka, Prag

ISBN 978-3-96045-294-2

HEIDI MEYER
mit SVEN HUSUNG

# Die Zeit ist schneller als ich

# INHALT

*für Hannes*

# VORWORT: MEIN LEBEN IN EINER HAND

Für gewöhnlich schreibe ich mit meinem Pinsel, ohne Worte bringe ich Botschaften auf das Papier. Meine Technik der geschwungenen Linien habe ich perfektioniert und Menschen in vielen Ländern damit erreicht. Ganz besonders die Japaner begeistern sich für meine „Geschriebene Malerei“. Ich wiederum bin aus vielen Gründen fasziniert von den Japanern. 25 Jahre nach meiner aktiven Zeit in Tokio, Sendai und Osaka lädt mich der Tennō (Japans Kaiser) noch immer zu seinen Staatsbesuchen in Hamburg ein. Darauf bin ich stolz.

Für dieses Buch habe ich nun Pinsel und Farben gegen Stift und Tastatur eingetauscht. Und ich habe gegen einen meiner Grundsätze verstoßen: Statt meine Gedanken in die Zukunft zu richten, habe ich zurückgeblickt. Wer diese Zeilen liest, hält meine wichtigsten Erinnerungen in der Hand.

Meine Memoiren mit Gedanken und Einblicken, die ich so zuvor noch niemandem anvertraut habe. Die ich selbst noch gar nicht kannte, bevor ich anfing, alles Stück für Stück zusammenzusetzen. Wer wissen möchte, wer ich bin und wie es dazu gekommen ist, den lade ich herzlich zur Lektüre meines Buches ein. Es führt durch die wichtigsten Stationen meines Lebens. Meine Kindheit im Buxtehude der Nachkriegszeit, den Wechsel ans Internat, meine Anfangszeit in der Hamburger Künstlerszene in den 60er und 70er Jahren, der „Brückenschlag" nach Japan und einige Abenteuer dazwischen. Die Begebenheiten und Begegnungen, die ich für wesentlich halte.

Nie ist mir bewusster gewesen, wie viel Glück ich hatte, die richtigen Menschen und Förderer zum richtigen Zeitpunkt an meiner Seite zu haben. Wer wäre ich geworden ohne meinen weltoffenen Vater, meine kluge Tante, meine engagierten Galeristen oder meine liebe Freundin Aiko? Ich kann es nicht wissen. Aber ich weiß jetzt genau, wer ich bin: Ich bin Künstlerin mit Leib und Seele. Ich bin Schülerin von Rolf Hausner. Ich bin Hamburgerin, Weltreisende, Japan-Kennerin, Lehrerin, Genießerin, Tochter und Mutter. Und ich bin Rückkehrerin und Verwalterin einer großen Immobilie in Buxtehude, wenn auch manchmal widerwillig. All das hätte ich mir als kleines Mädchen nicht erträumen können - als ich nichts weiter war als die Tochter des Buxtehuder Fleischfabrikanten.

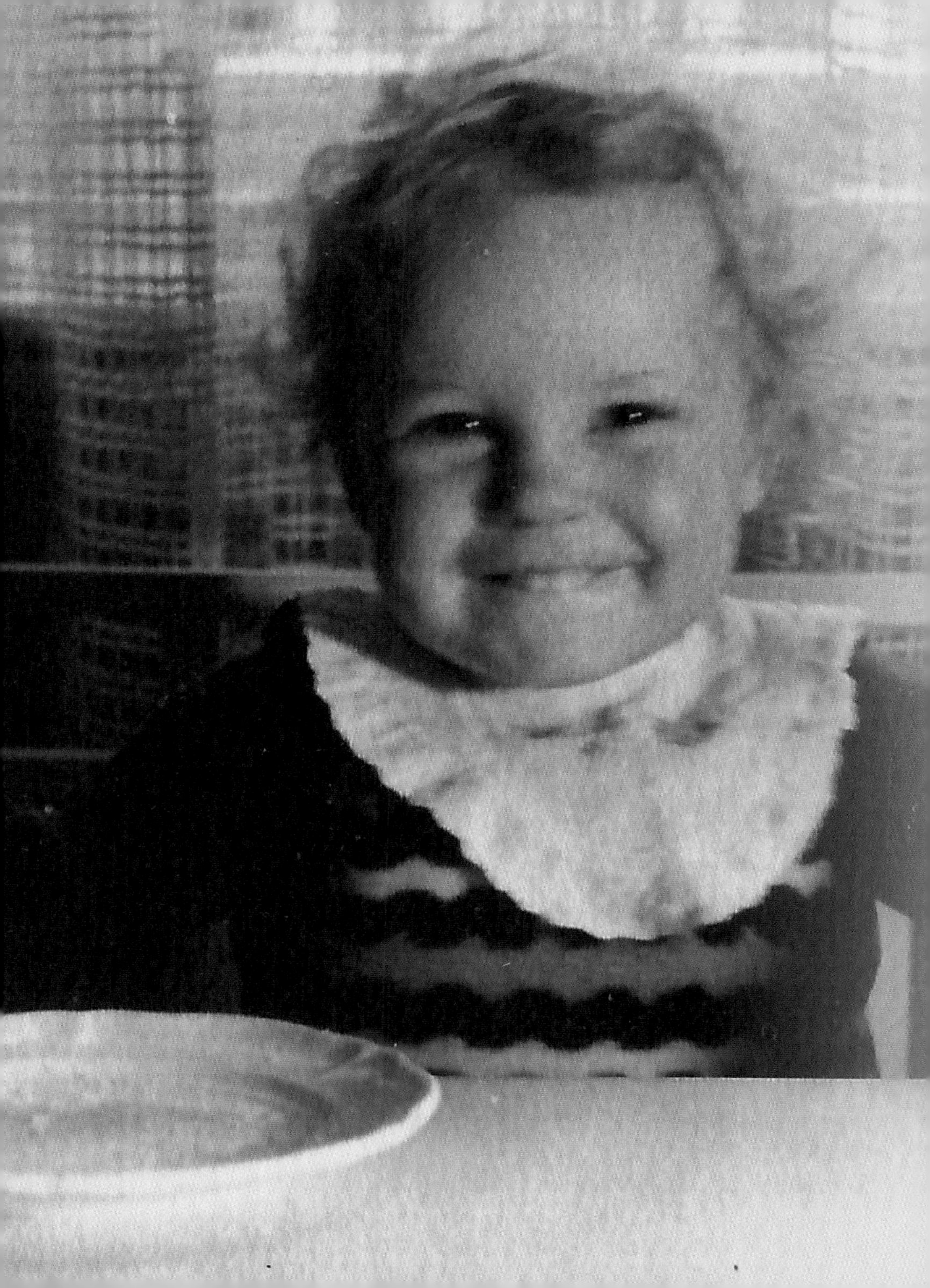

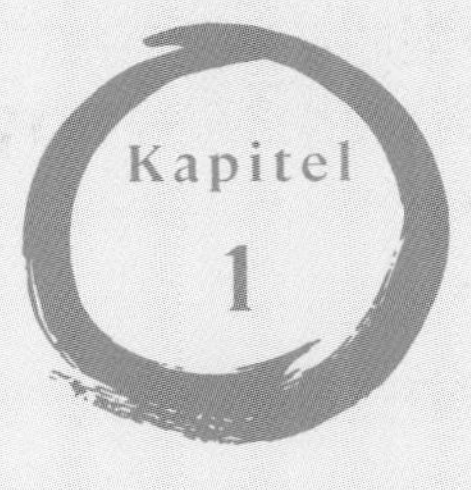


# Kindheit

## DIE SENSIBLE TOCHTER EINES BUXTEHUDER FLEISCHERMEISTERS

**ZEIT:** *1943 bis Ende der 1950er Jahre*

**ORTE:** *Buxtehude und Hamburg, Norddeutschland*

**WER WAR WICHTIG?** *Mein Vater, mein Cousin, meine Großmutter, die Angestellten*

**WORUM GEHT ES?** *Unbeschwerte Kindheit, Wurst und Fleisch, Malen, Fantasie und quälender Klavierunterricht*

---

Schon als junges Mädchen war ich kräftig und groß gebaut. Beim Fangenspielen wollten mich die Jungs deshalb immer in ihre Mannschaft wählen. Aber an mir bissen sie sich die Zähne aus. Es hieß weiterhin: Jungs gegen Mädchen, allein aus Prinzip. Ich wusste schon immer, was ich wollte und was nicht. Mich für die Zwecke anderer einspannen zu lassen, stand jedenfalls nicht zur Debatte. Und so sollte es bleiben, seit ich mit meinen Freunden über die Wiesen und die Geestberge in Buxtehude lief.

Nach fast 40 Jahren in Abwesenheit lebe ich wieder in der Stadt, in der ich aufwuchs. Sogar in demselben Gebäude in der Innenstadt, in dem meine Eltern ihre große Schlachterei und Fleischerei betrieben. In dem Haus, in dem wir auch mit der ganzen Familie wohnten. Seitdem hat sich viel verändert. In meiner Kindheit fuhr der Hauptverkehr noch mitten durch die Altstadt, von einer großen Fußgängerzone im Stadtkern war noch keine Spur. An dieser Hauptstraße (die Lange Straße) lag auch unser Wohnhaus mit den Verkaufsräumen der Fleischerei im Erdgeschoss. Heute befindet sich darin die Filiale der Deutschen Bank. Die Originalfassade ist noch erhalten und solange ich für das Gebäude zuständig bin, wird das so bleiben. Ich bin eine große Befürworterin des Wandels. Aber dieses Stück Vergangenheit möchte ich bewahren.

Das Buxtehude, in dem ich als Kind lebte, blitzt nur noch an einigen Stellen hervor. Wenn ich heute von meiner Terrasse in Richtung Süden herunterschaue, blicke ich auf eine hohe Gebäudereihe und Autos am Grund, die von der Viverstraße in die Straße Am Geesttor einbiegen. Früher war hier überall Wasser. Der Viver, der Stadtgraben des mittelalterlichen Buxtehudes, war noch nicht zugeschüttet und verschmälert worden. Im Sommer ließen wir Kinder unsere Boote ins Wasser, im Winter flitzten wir mit unseren Schlittschuhen über das Eis. Der Viver umgab noch die ganze Altstadt, so breit wie ein Teich. 30 bis 70 Meter, so steht ist es in historischen Unterlagen dokumentiert. Ein Überbleibsel dieser Zeit kann ich von meiner Terrasse aus noch sehen: Es ist der Ententeich am Stadtpark, an dem ich im Sommer gern im Café sitze, einen schwarzen Kaffee trinke und das Geschehen beobachte.

# MEINE SPEZIELLE GROSSFAMILIE

Aber beginnen wir noch einmal ganz von vorn: Das Licht der Welt erblickte ich im Jahr 1943. In Europa tobte noch der Zweite Weltkrieg, Nazi-Deutschland war schon auf dem absteigenden Ast. Für meine Geburt wurde meine Mutter in eine Hamburger Spezialklinik gebracht, denn sie hatte Probleme mit dem Herzen. Das heißt: Ich bin gebürtige Hamburgerin - wie meine Mutter - und diese Tatsache ist mir wichtig. Denn den größten Teil meines Lebens sollte ich in Hamburg verbringen, die Künstler und die Menschen mit ihrer hanseatischen Art sollten mich zutiefst prägen. Und ich sollte die Stadt wiederum als Künstlerin offiziell im Ausland vertreten.

Nach der Geburt ging es für die kleine Heidi jedoch erst einmal zurück nach Buxtehude. Dort betrieb meine Familie die größte Schlachterei und Fleischerei in der Umgebung. Mit diesem Geschäft gehörten wir zu den wohlhabenden Familien der Stadt. Tiere wurden in dieser Zeit noch im Stadtkern zwischen Wohnhäusern und Geschäften im großen Stil

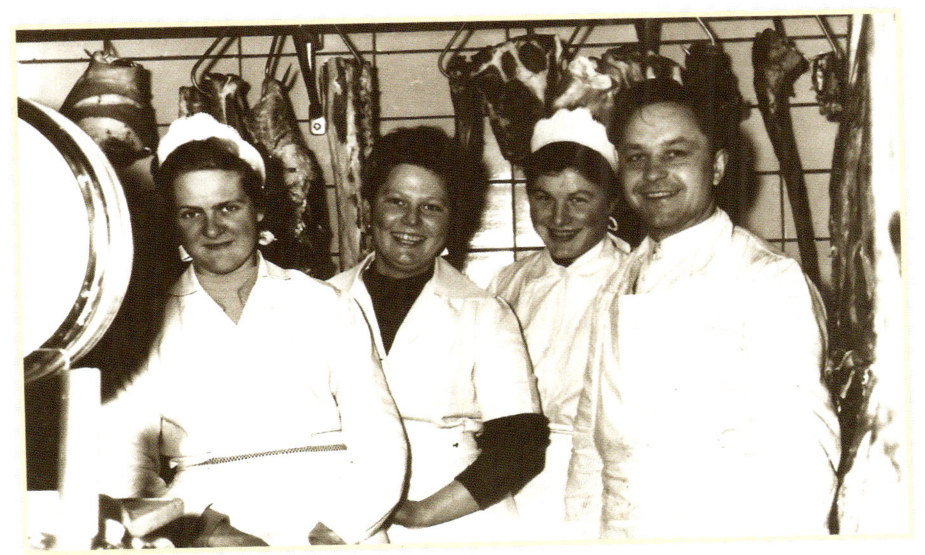

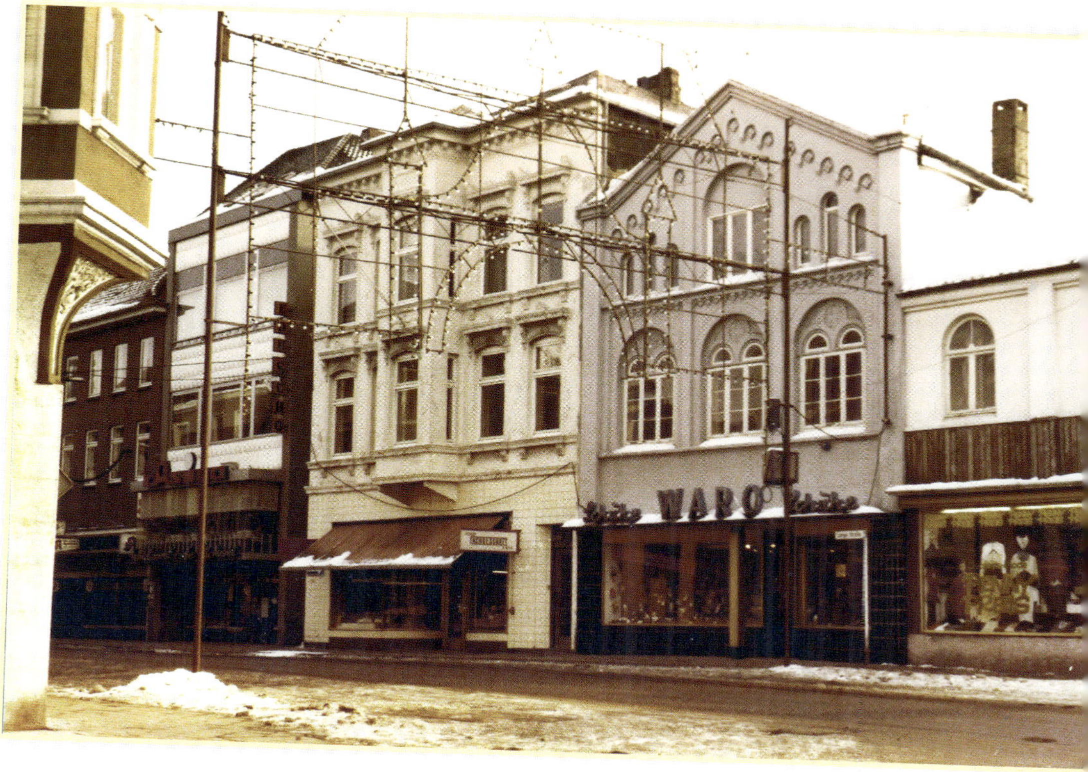

geschlachtet und verarbeitet. Von hier aus belieferten meine Eltern auch den Hamburger Raum und zwei große Kasernen in Schleswig-Holstein mit Wurst- und Fleischwaren. Wie schon erwähnt, befanden sich der Betrieb und unsere Wohnräume unter einem Dach. Auch ein Teil der Belegschaft lebte dort mit uns, insgesamt hatten meine Eltern um die 30 Angestellten. Ganz oben wohnte meine Oma und auch mein Onkel und meine Tante. Darunter hatten wir unseren Wohnbereich. Wir – das waren meine Eltern Gustav und Käthe, meine jüngere Schwester und ich. Bei uns im Jagdzimmer schliefen außerdem mein Cousin und meine Cousine in Betten, die wir dort für sie aufgestellt hatten. Ich weiß noch, wie sehr sich meine Schwester vor den großen Wildschweinfellen dort fürchtete, sie traute sich keinen Schritt hinein. Ich war nicht so ängstlich. Im Erdgeschoss gingen Wurst und Fleisch im Verkaufsraum über die Theke. Die Schlachterei war im hinteren Teil des Gebäudes untergebracht - dort, wo früher der Viver entlang floss und heute die Straße Am Geestor liegt. Passenderweise werden dort heute Hamburger in der „Waschbar 60 Grad" gebraten - und Bier ausgeschenkt. Eine Art Kneipe hatte dort vor mehr als 130 Jahren schon einmal ihren Platz: Ein Posthalter führte ein Gasthaus mit Ausschank. Meine Recherchen zu unserem Haus reichen bis ins Mittelalter zurück. Aber dazu komme ich noch im letzten Kapitel.

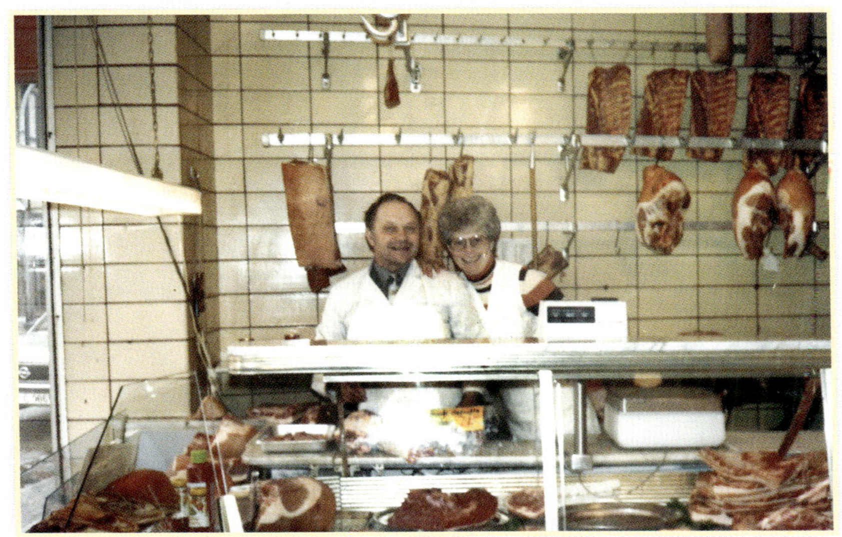

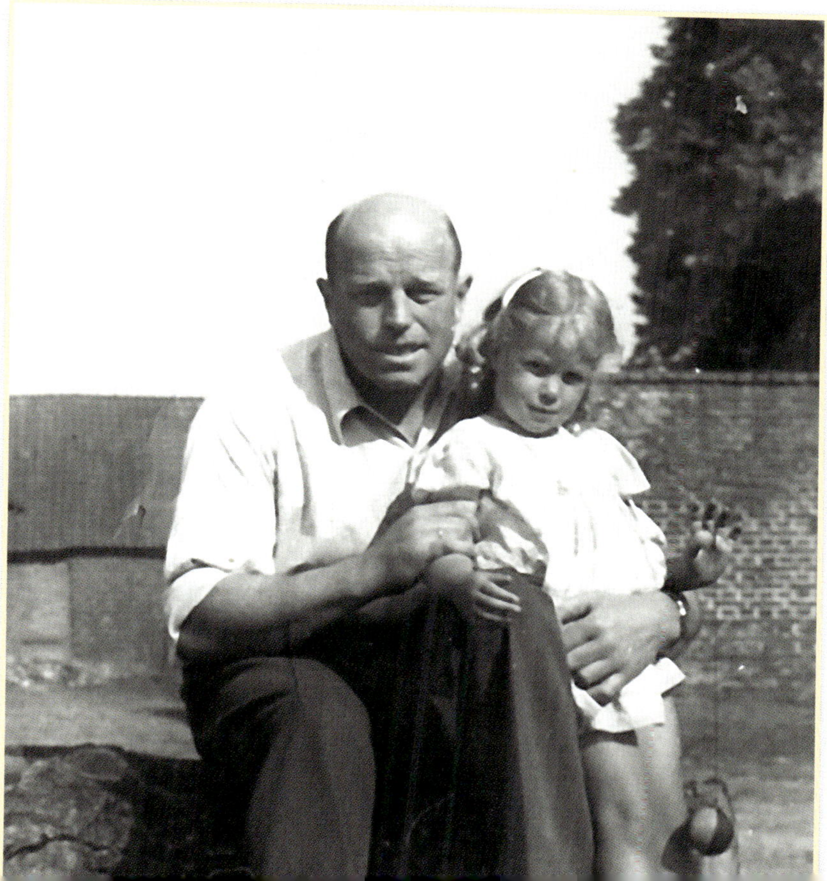

Auf den Familienbetrieb war ich nie besonders stolz. Die Kühe und Schweine, die bei uns geschlachtet wurden, taten mir immer leid. Ich möchte meinen verstorbenen Eltern keinen Vorwurf machen, meinen Vater verehre ich wie keinen anderen Menschen. Aber mit Wurst und Fleisch wollte ich einfach nichts am Hut haben. Als junges Mädchen musste ich trotzdem gelegentlich Wurst für die Auslieferung einpacken. Ich machte mir einen Spaß daraus, in jedes 200-Gramm-Paket eine zusätzliche Scheibe zu schmuggeln. Das war mein stiller Protest. Das Verpackungspapier eignete sich außerdem hervorragend für Skizzen, ich zeichnete lieber darauf, also es in tote Tiere zu wickeln. Ich male und zeichne schon seit meiner frühen Kindheit leidenschaftlich gerne. Meine liebsten Tage im Betrieb waren jene, an denen ich meinen Vater beim Ausliefern der Ware nach Hamburg begleiten durfte. Die Schule schwänzte ich für diese Fahrten ausnahmsweise. Ich erinnere mich genau daran, wie ich im Auto die Kundenliste fest in den Händen hielt und fasziniert das Geschehen in der Großstadt verfolgte. Auf dem Markt beobachtete ich die Männer, wie sie sich anschrieen und um die Preise feilschten. Diese Szenen beeindruckten mich nachhaltig. Ich schaute, wie man gut verhandelt. Allerdings spare ich mir das Geschrei, es geht auch ohne.

Neben meinem Vater war meine Großmutter in dieser Zeit meine wichtigste Bezugsperson. Zu meinen schönsten

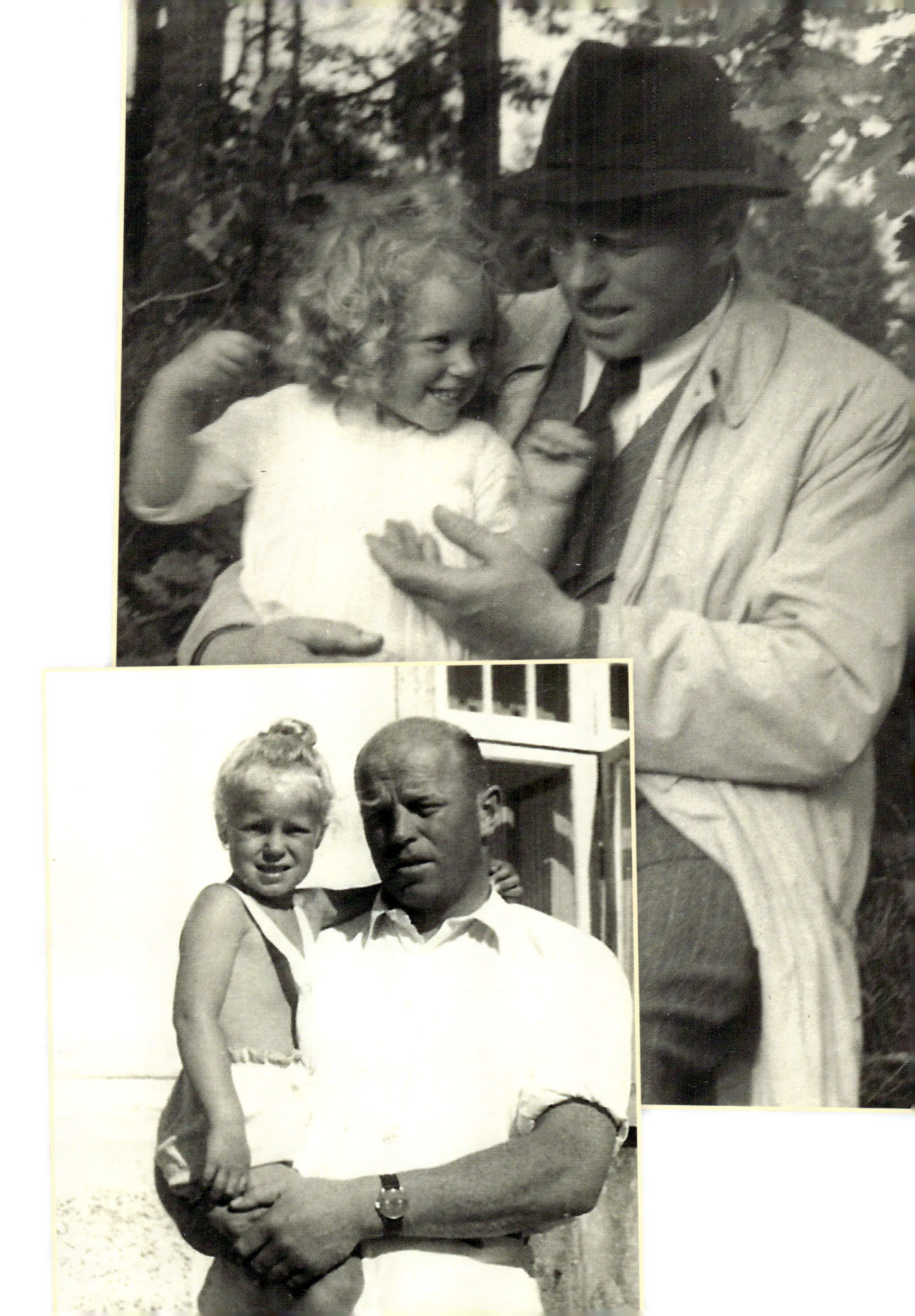

Kindheitserinnerungen zählen die Momente, in denen sie mich auf den Schoss nahm und mir Geschichten erzählte. Besonders gern hörte ich die Erzählung vom Tag der Rückkehr meines Vaters aus dem Krieg. Wie meine Großmutter aus dem Fenster schaute und ihren Sohn schon von weitem sah, als er von seinem Einsatz als Soldat zurückkehrte. Er schwamm damals durch die Elbe, um zurück nach Buxtehude zu kommen. Weil er gut kochen und organisieren konnte, hatte er bei der Armee die Wirtschaftsküche geschmissen. Ihm blieben so im Gegensatz zu vielen Kameraden die grausamen Erlebnisse im Gefecht erspart.

Gegründet hatten meine Großeltern die Fleischerei und Schlachterei, mein Vater übernahm den Betrieb von ihnen. Nicht, weil es seine Leidenschaft war, sondern weil es sich damals so gehörte. So wie es sich für mich ziemte - als Tochter einer gut situierten Familie - Klavierunterricht zu nehmen, zum Ballett zu gehen und die Sonntagsschule zu besuchen. Gefallen fand ich an all dem wenig. Am Klavier war ich gar nicht schlecht, konnte mich aber nie wirklich dafür begeistern. „Ich brauch‘ nicht mehr!“, rief ich damals meinem Musiklehrer freudig entgegen, nachdem ich meine Mutter endlich vom Aufhören überzeugt hatte. Die Musikschule in der Harburger Straße gibt es heute noch. „Ich brauch‘ nicht mehr!“, diese Worte gehen mir noch immer durch den Kopf, wenn ich

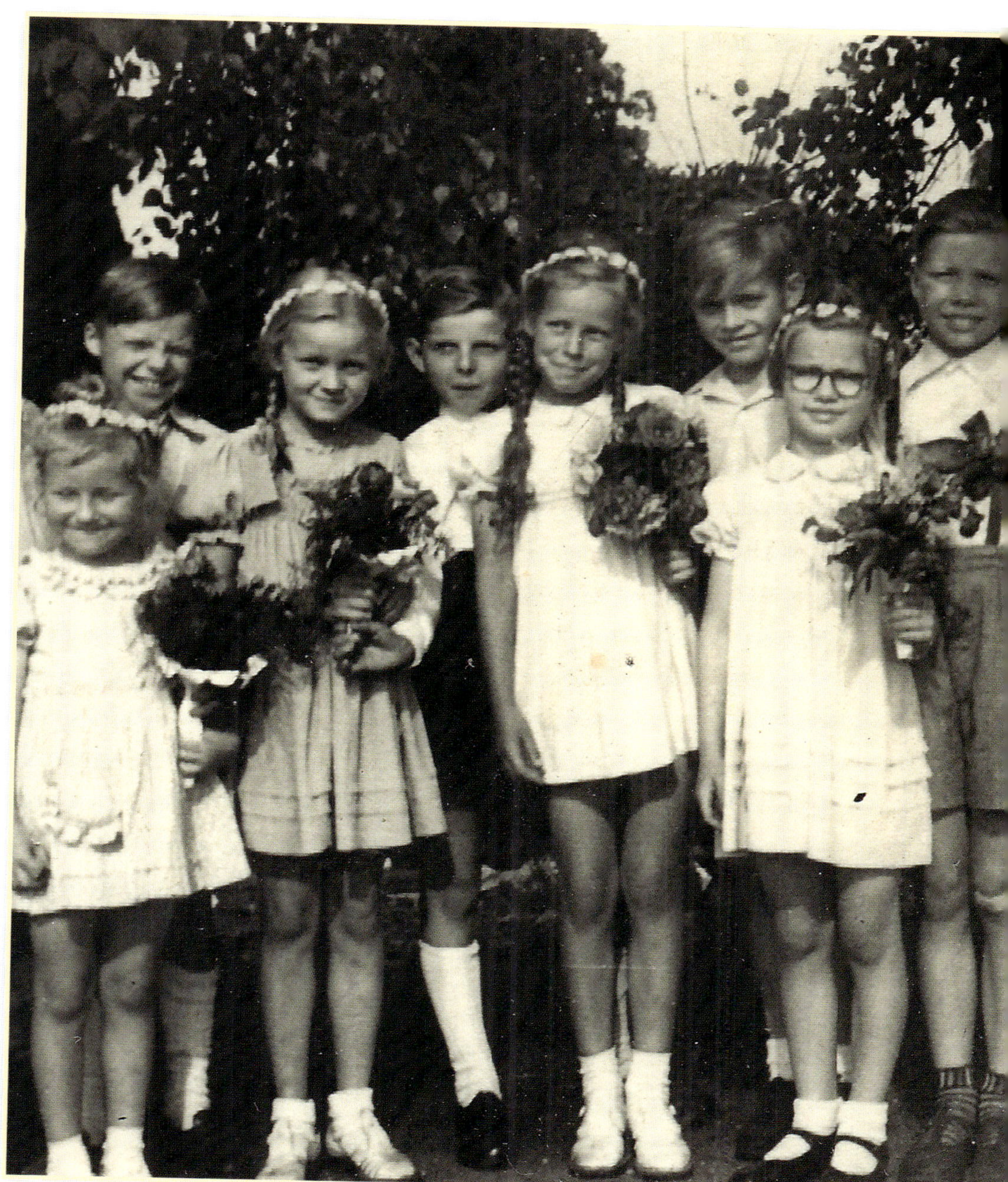

das Gebäude sehe. Meinen Geschmack und mein gutes Benehmen habe ich der Erziehung meiner Mutter zu verdanken, für alles andere hatte ich meine Großmutter und insbesondere meinen Vater. In meiner Erinnerung ist er immer zur Stelle, allzeit bereit. Wenn ich mir als Kind etwa das Knie auf dem Schotterboden aufriss, war er sofort da, um mich zu verarzten. Eigentlich ist das unmöglich, denn mein Vater arbeitete ohne Pause. Offenbar schaffte er es, immer im richtigen Augenblick für mich da zu sein und mir Sicherheit zu geben.

## DIE KAMMER UND DAS LABYRINTH

Im Hause Meyer war damals immer etwas los. Ich hatte stets viele Menschen um mich herum, wir lebten wie eine Großfamilie zusammen. Besonders in der Weihnachtszeit war die Stimmung bei uns bombastisch gut. Mein Vater spielte dann im Gefolgschaftsraum neben dem geschmückten Christbaum festliche Lieder auf dem Akkordeon, die Angestellten sangen dazu. Ich genoss diese Geselligkeit, brauchte aber meine Auszeiten von dem Trubel. Rückzugsorte sollten mein ganzes

Leben lang eine wichtige Rolle für mich spielen. Als Kind hatte ich einen solchen Platz auf dem Dachboden. Dort gab es einen Raum, in dem ich ganz für mich sein und malen konnte. Unter dem Dach gab es außerdem eine versteckte Kammer, die mich besonders faszinierte. Um hineinzugelangen, musste ich Mäntel zur Seite schieben und eine Tür aufdrücken. Licht gab es keines. Tatsächlich wurden dort nur ein paar alte Dosen gelagert, aber meine Fantasie arbeitete auf Hochtouren. Ich stellte mir vor, wie sich mit dem Druck auf einen bestimmten Stein Geheimgänge öffneten. Ein Labyrinth aus versteckten Wegen, das im Verborgenen durch das gesamte Haus führt. Ich sehe diese Gänge noch vor mir, als hätten sie wirklich existiert. An Fantasie mangelte es mir nie. Und ich wusste sie früh in meinen Bildern zu nutzen. Dass mein kreatives Talent gefördert wurde, war mein großes Glück. Ich weiß nicht, was ich sonst hätte mit meinem Leben anfangen sollen.

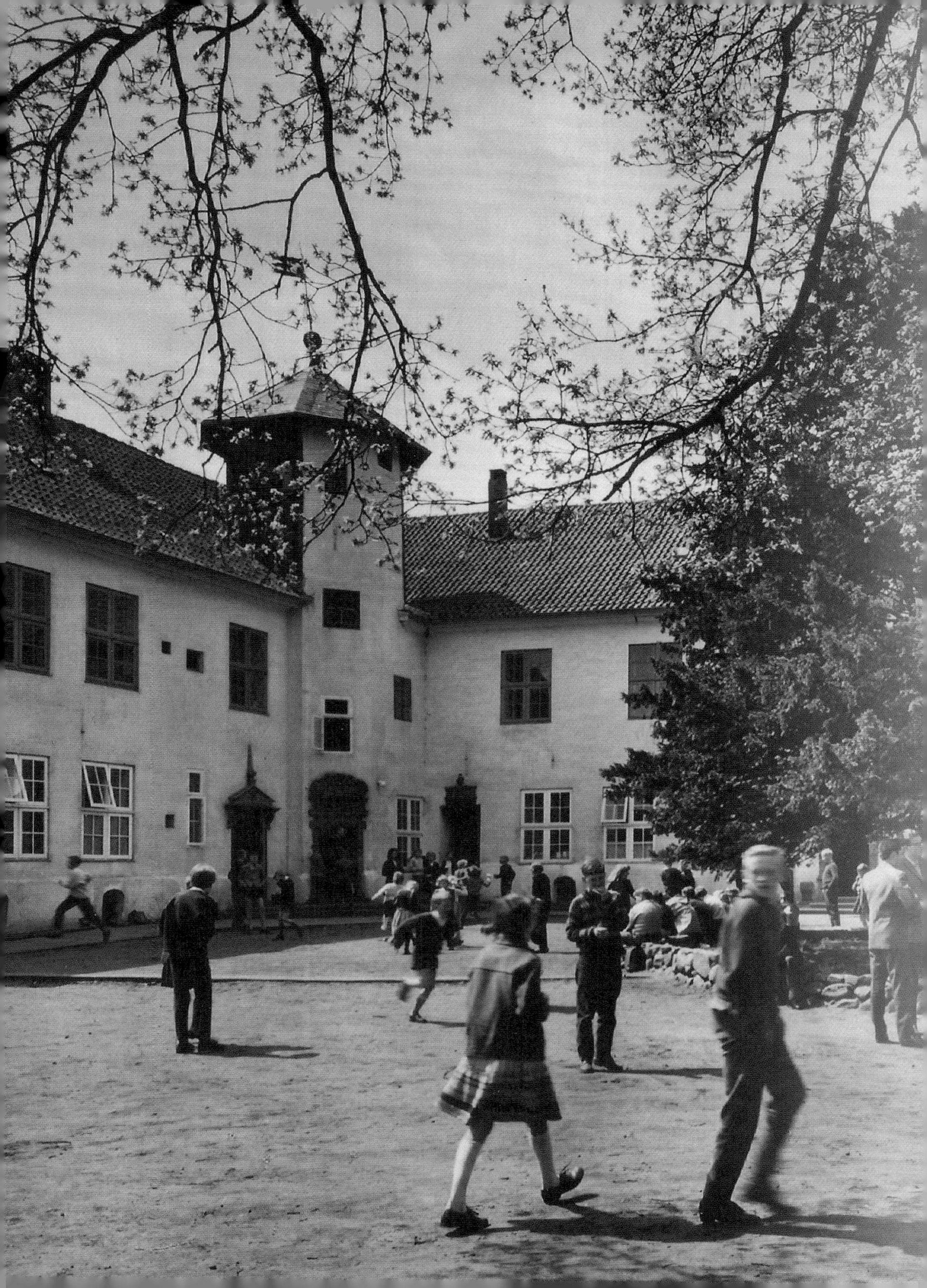

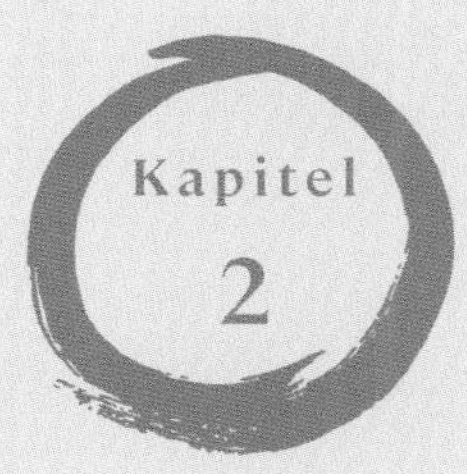


# Der Ausbruch

## INTERNAT UND WILDE STUDIENJAHRE IN HAMBURG

**ZEIT:** *Um 1960 bis in die 1970er*

**ORTE:** *Ottersberg bei Bremen, Buxtehude und Hamburg*

**WER WAR WICHTIG?** *Meine Tante, meine Lehrer, meine Kunstprofessoren Rudolf Hausner und Hans Thiemann.*

**WORUM GEHT ES?** *Schulwechsel, Steiners Waldorfpädagogik, Fleischverzicht, künstlerisches Erwachen, Grafiker-Ausbildung, Studium an der Hochschule für bildende Künste (HfbK)*

---

Ich war in der siebten Klasse, als ich ans Internat wechselte, weg von meiner Familie in Buxtehude. Was für andere Mädchen in diesem Alter eine Bestrafung gewesen wäre, löst in mir eine große Befreiung aus. Selbst wäre mir ein Schulwechsel nie in den Sinn gekommen. Meine Tante Amanda aus Bremen hatte sich dafür eingesetzt. Ihr Einfluss auf mein Leben ist kaum zu überschätzen. Ich genoss die Zeit in vollen Zügen.

Meine Tante wusste, dass es Zeit für mich war, aus Buxtehude auszubrechen. Von der Schlachterei wegzukommen, mit der ich so wenig anfangen konnte. Meine Eltern hörten auf sie, das Wort meiner Tante hatte Gewicht. Sie war Pädagogin und eine äußerst kluge Frau. Im Alter von 70 Jahren lernte sie Japanisch, weil sie sich um die Kinder von japanischen Kaufleuten kümmerte und die Familie besser verstehen wollte. Mein Faible für die japanische Kultur geht auf sie zurück. Im inneren Ohr höre ich noch heute die Schallplatten-Klänge von japanischen Kinderliedern, die ich von ihr als kleines Kind geschenkt bekam. Zum Fasching im Kindergarten stattete sie mich einmal mit einem Kimono aus und machte mich als Japanerin zurecht, wie ein Foto aus meiner Kindheit zeigt. Meine Tante legte nicht nur den Grundstein dafür, dass ich überhaupt Künstlerin werden konnte. Sie sorgte auch dafür, dass ich mich später nach Japan wenden sollte.

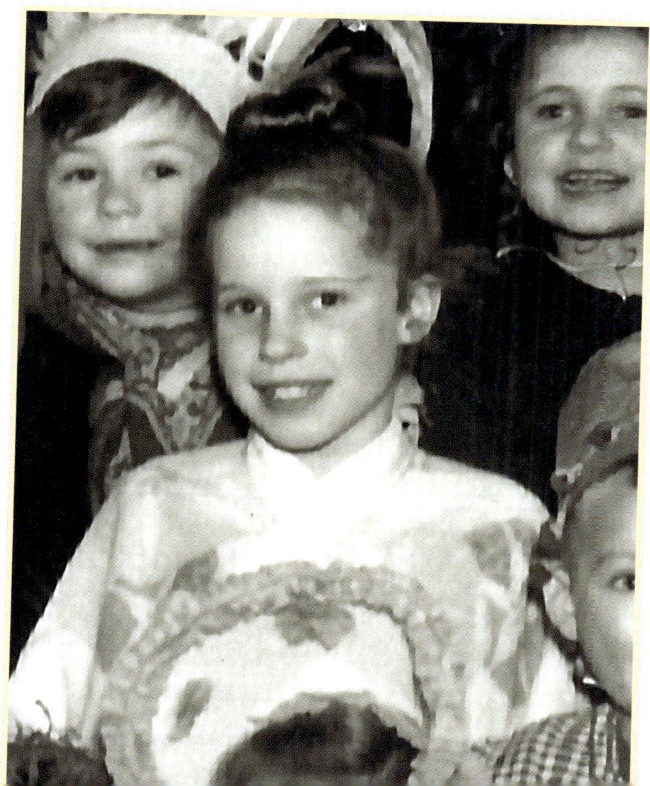

Voller Neugier wechselte ich mit dem Beginn des siebten Schuljahrs vom Halepaghen-Gymnasium in Buxtehude an das Steiner-Internat im idyllischen Ottersberg bei Bremen. Dort spielte sich von nun an mein Leben ab. Nur für die Wochenenden fuhr ich mit dem Zug zurück nach Buxtehude zu meiner Familie. Mein Freigeist wurde voll entfacht, mir kam der hohe Stellenwert der Kunst in der Steiner-Pädagogik zugute. Die Schule war wenige Jahre zuvor neu eröffnet worden. Die Waldorfpädagogik war Ende der 1950er Jahre noch nicht besonders verbreitet, die Ansätze ziemlich innovativ. Die Lehrer waren ungemein hilfsbereit und hatten wirklich Lust darauf, uns etwas beizubringen und fürs Leben mitzugeben. Sie erkannten mein kreatives Talent nicht nur, sondern förderten mich intensiv. Die Frau meines Mathelehrers unterstütze mich sogar abseits des Unterrichts. An den Nachmittagen fuhr ich mit dem Fahrrad zu ihnen nach Hause. Dort durfte ihre Malutensilien und Farben benutzen. Sie war selbst eine Künstlerin und schaute mir über die Schulter. Deutlich weniger Talent als beim Malen zeigte ich im Mathematikunterricht ihres Mannes. Trotzdem gab er mir geduldig Nachhilfe. Zwei wunderbare Menschen waren das. Das einzige, was ich aus der Zeit in Ottersberg negativ in Erinnerung habe, ist die sogenannte „Sprachgestaltung“. Ein riesiger Mann mit riesigem Gebiss und riesigen Zähnen versuchte, mir das Nuscheln auszutreiben. „Lämmer leisten leises Läuten", musste ich immer wieder aufsagen. Es fruchtete nicht und ich konzentrierte mich lieber auf andere Dinge.

Neben der Kunst und den klassischen Unterrichtsfächern spielten an der Schule die Natur und gesunde Ernährung eine große Rolle. Rudolf Steiners biologisch-dynamische Ernährungsphilosophie stand im krassen Gegensatz zu den Essgewohnheiten meiner Familie. Im Hause Meyer stand vor allem Fleisch und Wurst auf dem Speiseplan. Dass ich irgendwann kein Fleisch mehr essen wollte, gefiel meinen Eltern natürlich nicht besonders gut. Aber es war richtig so. Vegetarierin wurde ich nicht, doch eine ausgeglichene Ernährung hatte fortan einen großen Stellenwert für mich.

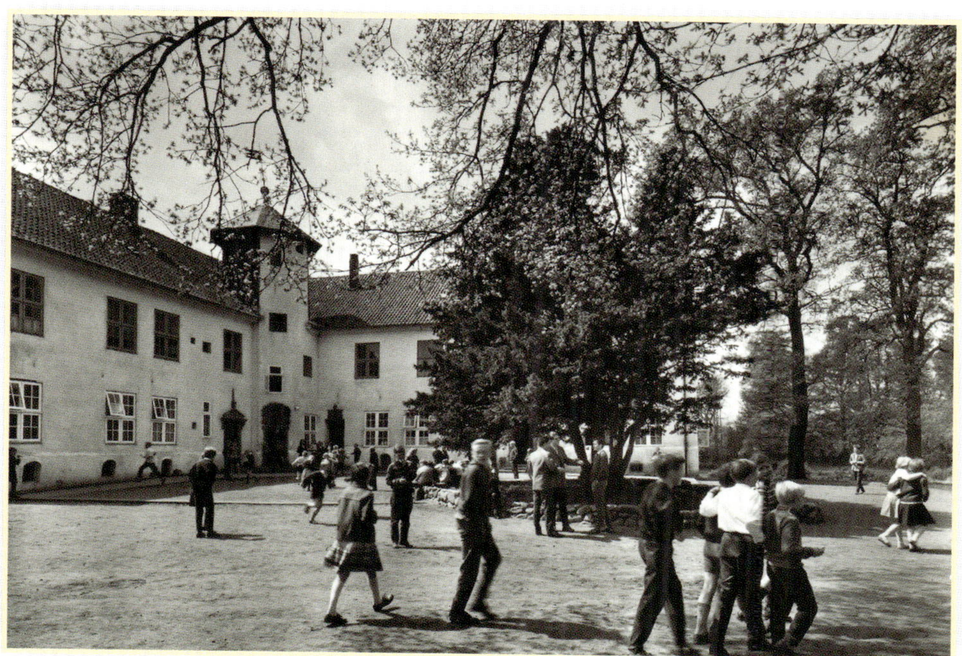

Am Internat gefiel mir nicht nur das ganzheitliche Unterrichtskonzept, sondern auch das Gelände im Grünen und die alten Gebäude. Die Ottersberger Steiner-Schule befindet sich bis heute im Amtshof, einem schlossähnlichen Gebäudeensemble aus dem Jahr 1585. Dort zog die Schule 1946 ein. Die Jungs waren direkt im Erdgeschoss des Amtshofs untergebracht, wir Mädchen in einem Neubau. Wir lebten zu viert in den Zimmern und verbrachten viel Zeit miteinander auf engem Raum. Irgendwann bekam ich ein Einzelzimmer. Mir fehlte ein Rückzugsort. Ich hatte das Glück, dass mir die Schule diesen Wunsch erfüllte. Auf das Verhältnis zu meinen Mitschülerinnen hat das keinen negativen Einfluss. Nach dem Unterricht dachten wir uns allerlei Blödsinn aus. Wir pafften aus Papier gedrehte Zigaretten und gingen in einem alten Wallgraben schwimmen. Unter Wasser suchten wir nach Schätzen, fanden aber nur große, weiße Muscheln. Und wir verdächtigten unseren Französischlehrer, in Wahrheit ein russischer Spion zu sein. Es war die Zeit des Kalten Krieges und die aufgeheizte Stimmung und die Agentengeschichten scheinen nicht spurlos an uns vorbeigegangen zu sein. Spinnereien kleiner Mädchen. Denn eigentlich lebten wir in Ottersberg wie eine harmonische große Familie zusammen.

# ZWISCHENSTOPP GRAFIKERLEHRE

Dass die Malerei meine Zukunft sein sollte, wusste ich nach der Schule genau. Als Tochter eines Buxtehuder Fleischfabrikanten wurde man mit 17 Jahren damals aber nicht einfach so freischaffende Künstlerin. Auf dem Weg zum Kunststudium nahm ich also einen Umweg - über eine Lehre zur grafischen Zeichnerin in der Werbung. Ich zog zurück zu meinen Eltern und nahm jeden Morgen den Eilzug um 6.55 Uhr nach Hamburg. Den Beruf beherrschte ich schnell und gut. Abends beschäftigte ich mich freiwillig mit Werbepsychologie und der Wirkung von Farben auf den Menschen. Die Lehre schloss ich mit Auszeichnung ab, merkte aber, dass ich noch nicht an meinem Ziel angelangt war. Bei der feierlichen Zeugnisübergabe im Gebäude der Hamburger Handelskammer wurde mir das noch einmal besonders bewusst: Dort schüttelte mir nämlich ein Mann namens Walther von Hollander die Hand. Damals ein ziemlich berühmter Radiomoderator und Schriftsteller, der als „Eheberater der Nation“ galt. Er sagte zu mir: „So – und jetzt fängt der Ernst des Lebens an!“ Das hielt ich direkt für

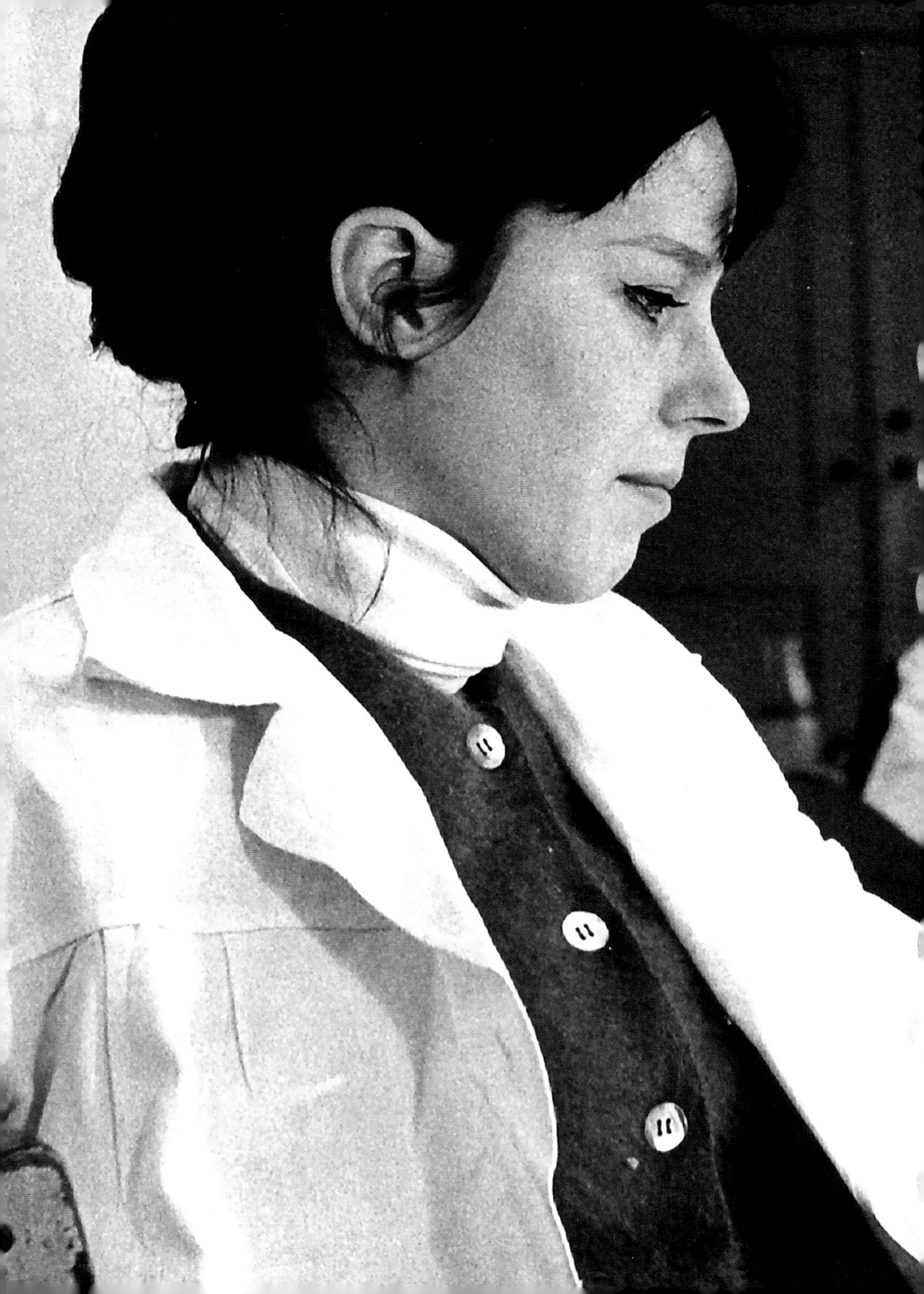

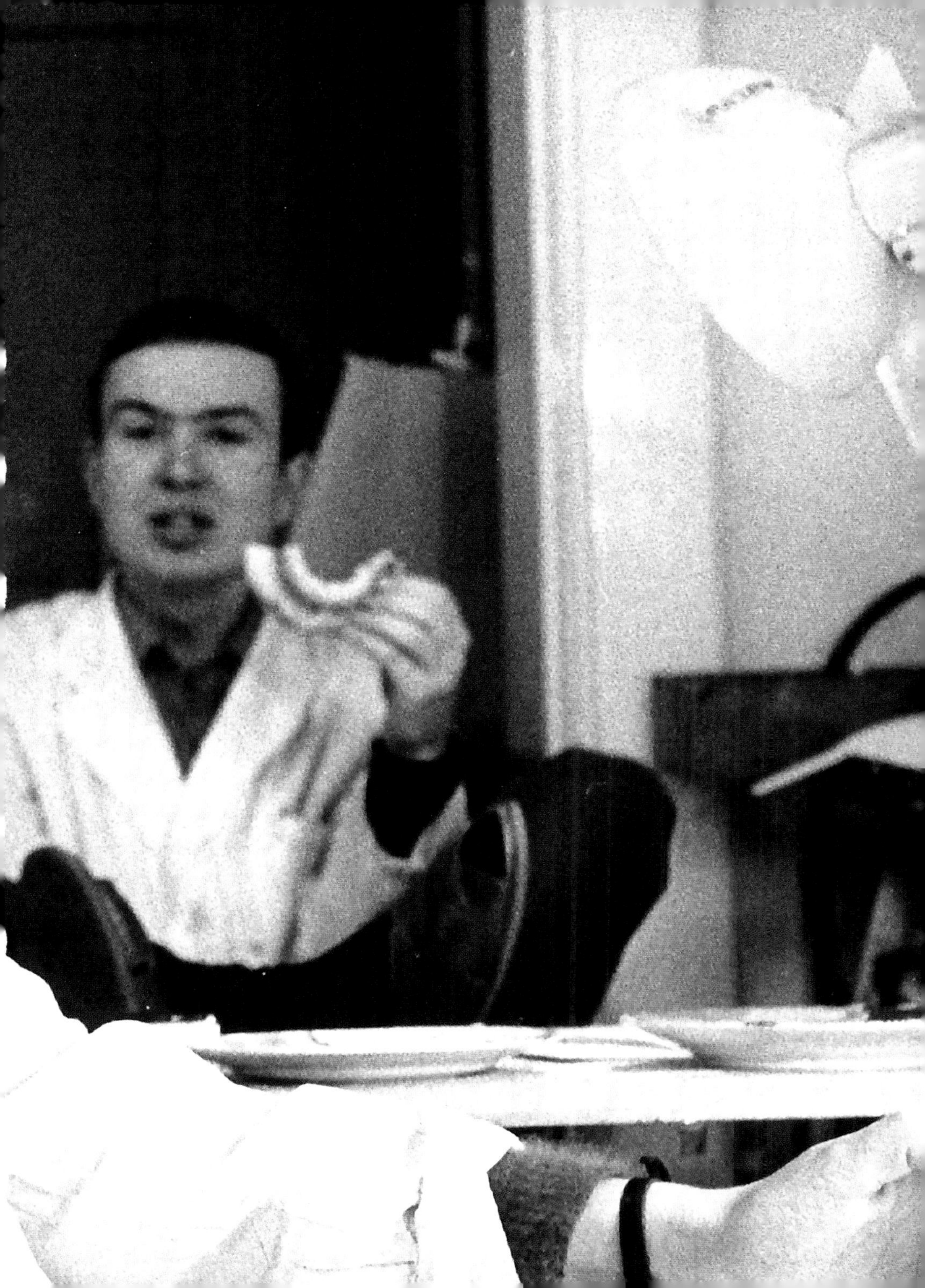

ziemlichen Quatsch. Ich sollte Recht behalten. Mein Leben wurde danach erst richtig frei, spannend und erfüllend.

## FREI FÜR DIE KUNST

Mein Vater verstummte für eine Weile, als ich ihm eröffnete, an die Hochschule gehen zu wollen, um Kunst zu studieren. Ich hielt die Luft an, wagte es nicht, zu atmen oder mich zu bewegen. Malen war schließlich alles, was ich wollte und konnte. Von seiner Zustimmung hing alles ab. „Naja, wenn du meinst, dann mach das", sagte er schließlich zu mir. Ein toller Vater war das. Ein handfester Beruf mit regelmäßigen Einkünften, das hätte ihm für die Zukunft seiner Tochter besser gepasst. Aber er willigte ein und akzeptierte auch, dass ich keine Porträtmalerin werden wollte. Damit ließ sich damals gutes Geld verdienen. Doch ich wollte freie Kunst machen, wollte Balance und mein Glück in der Malerei finden.

Mein Wunsch ging auch dank prominenter Rückendeckung in Erfüllung. Denn meine Eltern kannten den Maler

Richard Eggers, einer der bedeutendsten Post-Impressionisten im norddeutschen Raum. Ich erinnere mich daran, dass er eine Zeit lang die Abgeschiedenheit der Jagdhütte meines Vaters nutzte, um dort in Ruhe zu arbeiten. Diese Hütte ist ein ganz besonderer Ort für mich, aber dazu komme ich später. Richard Eggers gefielen meine Arbeiten jedenfalls gut. Ohne diese Einschätzung hätte ich vermutlich größere Überzeugungsarbeit für mein Studium leisten müssen. So konnte ich mich mit dem Segen des Malers an der Hochschule für bildende Künste am Lerchenfeld (HfbK) in Hamburg bewerben. Ich wurde direkt angenommen und der Campus am Lerchenfeld (HfbK) wurde für ein paar Jahre mein neues Zuhause. 1964 begann ich dort mein Studium und wurde Schülerin von Hans Thiemann und Rudolf Hausner. Professor Thiemann war seinerseits Klee- und Kandinsky-Schüler gewesen und ein sehr guter Pädagoge. Professor Hausner, der berühmte Maler der Wiener Schule des Phantastischen Realismus, war ein intensiver Mensch und Künstler. Von beiden lernte ich auf ganz unterschiedliche Weise wahnsinnig viel.

Hans Thiemanns Arbeiten sah ich zum ersten Mal viele Jahre nach der Studienzeit bei einer gemeinsamen Ausstellung im Kunsthaus in Hamburg. Er hatte uns seine Bilder nie gezeigt, wollte seine Schüler nicht beeinflussen. Diese Philosophie sollte ich später als Kunstdozentin und Lehrerin übernehmen. Auch meine Schüler sollten sich frei entwickeln und ihren eigenen Ausdruck finden. Schüler von Hans Thiemann war übrigens auch der berühmte Komiker Otto Waalkes. Das war aber vor meiner Zeit am Lerchenfeld, wir begegneten uns nie. Eines seiner Bilder war Teil unserer späteren Ausstellung mit Thiemann in Hamburg. „Junges Mädchen mit Schal und Pelzmütze“ heißt das Porträt. Ganz anders als Thiemann machte es Rudolf Hausner. Er verkörperte einen Wandel im Verhältnis zwischen Lehrer und Schüler, der damals im Gange war. Weg von der Strenge und Autorität, hin zum Austausch und Umgang auf Augenhöhe. Noch während des Studiums organisierte er eine gemeinsame Ausstellung mit uns, unter dem Titel „Hausner und seine Schüler“ waren unsere Arbeiten in der Galerie Peithner-Lichtenfels in Wien zu sehen. Das war im Jahr 1968. Er lud uns alle damals in sein Haus in Wien ein. Wir aßen Wurst ohne Brot an einer langen Tafel und waren eine tolle Gruppe. Es gab keinen Neid unter uns. Hausners Hinwendung ging so weit, dass er eine seiner Schülerinnen heiratete. Das störte mich nicht, er ging neue Wege und machte viel richtig. Die Schüler mit dem eigenen Stil zu beeinflussen, halte ich trotzdem für einen Fehler.

Mit dem Studium endete für mich auch die Zeit der langen Bahnfahrten. Ich verließ endgültig mein Elternhaus in Buxtehude und ging nach Hamburg. Zuerst wohnte ich in einem kleinen Zimmer in Winterhude, meine Vermieterin Frau Böse bekam dafür 75 DM im Monat. Für den gleichen Preis mietete ich danach eine Wohnung mit viel mehr Platz und einem Garten. Ich lebte nun in der Nähe des Holstenwalls in St. Pauli, Tür an Tür mit einigen meiner Kommilitonen. Wir feierten reihum in den Wohnungen. Was für eine aufregende Zeit das war. Am Lerchenfeld veranstalteten wir legendäre Li-La-Le-Partys, das stand für „Lieben, Lachen, Lerchenfeld". Wir schmückten die Räume zum Fasching und feierten wie von Sinnen. Mehr als 20 Jahre lang war es der Höhepunkt der Hamburger Faschingssaison, bis es verboten wurde. In Anlehnung an unser Li-La-Le wurde diese Tradition später mit dem Li-La-Be in Bergedorf fortgesetzt.

Doch ich arbeitete auch wahnsinnig viel und hart in meiner Studienzeit. Ich nutzte jede freie Minute für die Malerei und meine Ausbildung. Am Lerchenfeld war ich morgens stets eine der ersten. Nur Professor Thiemann war meistens schon dort, weil er häufig in der Kunsthochschule übernachtete. Eines Morgens überraschte mein Vater mich dort. Er wollte sich vergewissern, dass alles gut läuft. Ob das denn Sinn hätte mit mir, fragte er Professor Thiemann. „Ja wenn, dann mit Heidi", antwortete mein Lehrer. Es freute mich, dass mein Vater sich um mich sorgte und Interesse an meiner Ausbildung zeigte. Neben der Malerei machte ich viele verschiedene Jobs. Um Geld zu verdienen, aber auch aus Neugier. Ich schrieb zum Beispiel für Makler Namen in Schönschrift in ihre Urkunden und erhielt dafür sieben Pfennig pro Name. Ich gestaltete das Lettering in den Sprechblasen von Comicbüchern und malte Bilder für Theaterkulissen. Ich füllte Whiskey in Flaschen ab und stand am Fließband, um das Hamburger Abendblatt „abzuheben“, wie es hieß. Immer nach dem Druck ab 22.30 Uhr zu 25 Stück.

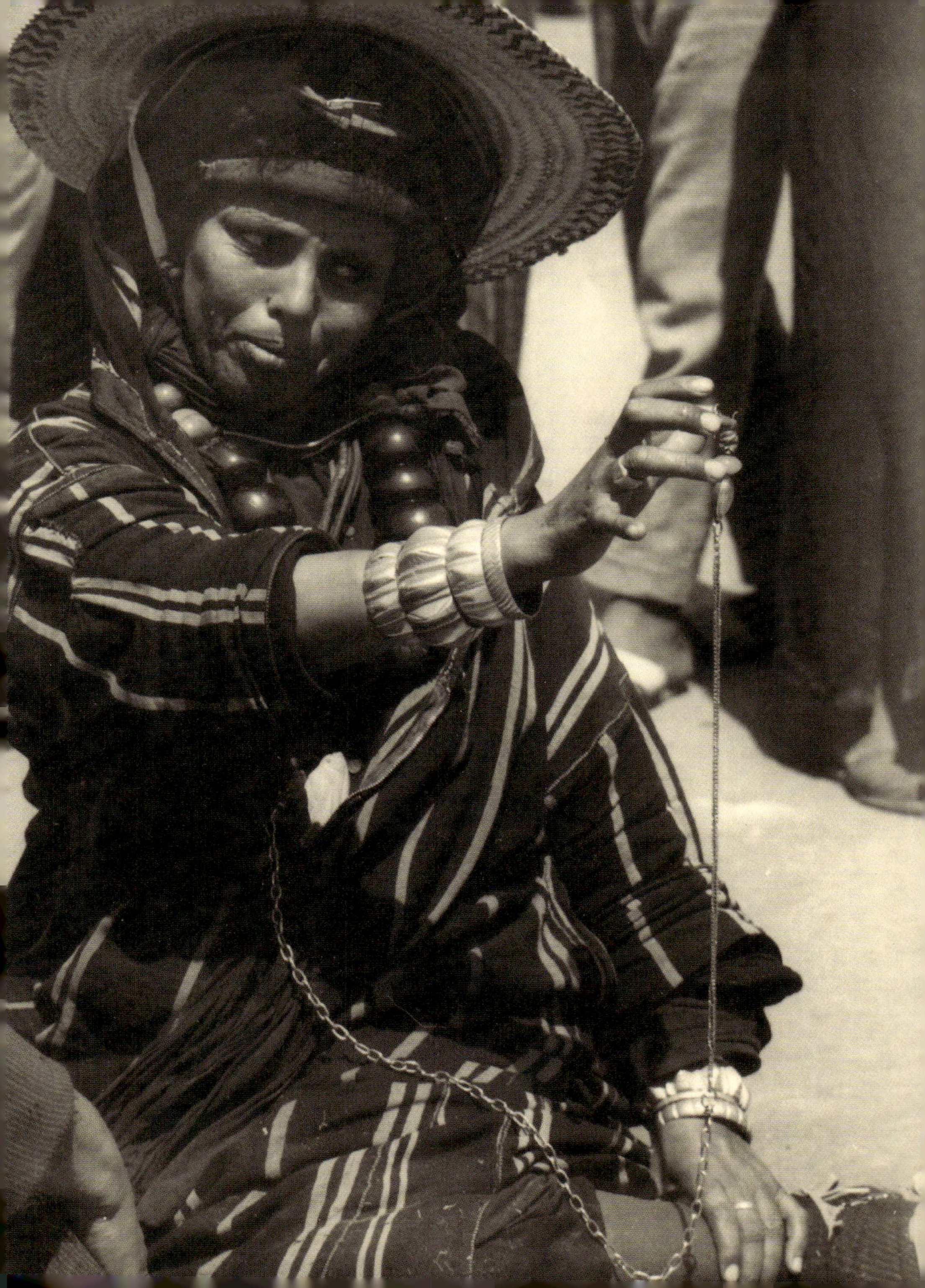

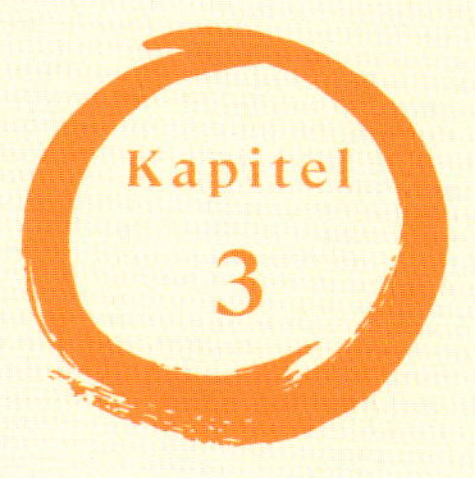


# Wüstentrip

## MIT DEM VW-BULLI DURCH MAROKKO UND ALGERIEN

**ZEIT:** *1960er Jahre*

**ORTE:** *Städte und Dörfer in Algerien und Marokko*

**WER WAR WICHTIG?** *Meine Freunde Gagi, Klärchen, Antje sowie Heiner, die Toureg, mein Vater, viele Dorfbewohner, die Mechaniker*

**WORUM GEHT ES?** *Reise ins Ungewisse, mein VW-Bus, die Wüste Sahara, Sand im Motor, verbotene Fotografien, Gastfreundschaft, veraltete Straßenkarten, Märchenerzähler*

---

Geschwungene Wüstendünen schlängeln sich wellenförmig bis in die Unendlichkeit - die Sterne hängen dabei zum Greifen nah am Himmel über mir. Dieses Bild aus der Sahara brannte sich damals bei mir ein. Und diente mir für viele meiner Arbeiten als Inspiration. Die Wüste ist seit damals, als ich in den 60er Jahren mehrere Wochen lang mit Freunden auf eigene Faust durch Algerien und Marokko reiste, einer meiner großen Sehnsuchtsorte. Manchmal stelle ich mir vor, wie ich dort lebe. An der Seite eines Tuareg. Um uns herum ist kein Geräusch zu hören und ich genieße die Weite der Wüstenlandschaft. Ein schöner Tagtraum ist das. Dabei weiß ich, dass es in der Wüste gar nicht still ist. Im Gegenteil. Es zirpt und summt in der Hitze. Als würde der Sand singen. Ein faszinierender Klang.

Was war diese Reise für ein Abenteuer! Es gab nur meine Begleiter und mich und die Einwohner in der Fremde. Tourismus war in Nordafrika noch nicht üblich. Wir waren fast noch Kinder und machten uns wenig Gedanken. Es grenzt an ein Wunder, dass wir in unseren Autos heil wieder zu Hause ankamen. Und es ist mir ein Rätsel, warum meine Eltern mich, ein junges Mädchen, überhaupt fahren ließen.

## DIE ÜBERRASCHUNG

Alles Begann mit einer Überraschung zu meinem 18. Geburtstag. „Du kannst ja mal nach hinten auf den Hof gehen und in die Garage schauen...", sagt mein Vater damals zu mir. Als ich das Tor öffnete, konnte ich meinen Augen kaum trauen. Da stand ein neuer blauer VW-Bus. Der erste Transporter, wie ihn heute wieder alle haben wollen. Voll ausgestattet und als Camping-Fahrzeug mit Bett, Kochnische und Schränken umgebaut. Ich war wahnsinnig glücklich und unternahm von da an viele spontane Reisen. Zum Beispiel nach Paris. Eine Freundin und ich ließen uns damals vom ADAC eine Route ausarbeiten. Die Zeit der Navigationsgeräte war ja noch weit entfernt. Mitten in Paris konnte man damals noch direkt am Ufer der Seine parken. Wir schliefen dort und hatte beim Aufwachen einen wundervollen Blick auf das Wasser.

Die denkwürdigste Reise war aber die Afrika-Tour. Meine Freunde und ich fuhren damals mit dem Bus und einem Citroën 2CV (auch als Ente bekannt) etliche Tausend Kilometer, von Buxtehude bis in den Süden Marokkos, dann nach Algerien und zurück. Ich studierte an der HfBK und konnte mir ein Freisemester nehmen, um den Urlaub mehrere Wochen auszukosten. Wir waren zu fünft: mein erster Freund Gagi, außerdem Dieter - den ich immer „Klärchen" nenne - mit seiner damaligen Frau Antje und Heiner. Gagi starb leider schon vor vielen Jahren. Zu Klärchen habe ich heute noch Kontakt. Er ist Fotograf und in Buxtehude bekannt wie ein bunter Hund. Ich kenne Dieter von Kindesbeinen an. Wenn wir einmal nicht mehr sind und in unseren Särgen in den Familiengräbern liegen, wollen wir uns Würmer hin- und herschicken. Das ist fest verabredet. Dieser makabre Humor verbindet uns, seit ich denken kann.

# UNVORBEREITET DURCH DIE WÜSTE

Die Afrika-Reise führte ich furchtlos und unermüdlich in meinem Bus an, Klärchen folgte in seinem 2CV. Nur an meinem Geburtstag nahm ich mir eine Auszeit von der Fahrerei. Auf den afrikanischen Kontinent setzen wir mit der Fähre über die Straße von Gibraltar nach Marokko über. Unsere Route führte uns dort von Tétouan über Fés entlang der verlassenen Küste bis Guelmin ganz im Süden Marokkos. Von dort ging es nach Algerien und zurück nach Tétouan. Für die Strecke ließen wir uns auch von Albert Camus' Buch „Hochzeit des Lichts" inspirieren. Um uns zurechtzufinden, hielten wir uns an französische Aufzeichnungen. Was uns erst allmählich klar wurde: Diese Karten waren nicht besonders zuverlässig, denn die Franzosen hatten sich schon lange aus Marokko und Algerien zurückgezogen. Viele der eingezeichneten Pisten waren mittlerweile so mit Büschen bewachsen, dass wir auf ausgetrocknete Flussbetten ausweichen mussten, um voranzukommen. Ich weiß nicht, wie viele platte Reifen wir hatten. Am Bus führten wir damals eine Strichliste. Und es blieb nicht bei Reifenpannen.

Eines Tages streikte mein Wagen komplett, wir mussten die Fahrt unterbrechen. Ein Blick in den Motorraum verriet uns das Problem, es war nicht schwer zu erkennen: Die Maschine war bis oben hin gefüllt mit rotem Wüstensand. Doch irgendwie reparierte immer irgendjemand die Schäden. Nur ein größerer Getriebeschaden zwang uns, einen Mechaniker aufzusuchen. In Fés fanden wir eine Werkstatt und verständigten uns mit Händen und Füßen. Offensichtlich erfolgreich, denn nach einer Nacht konnten wir die Reise fortsetzen.

Die Wüste durchquerten wir größtenteils in der Nacht, um die wahnsinnig langen Strecken hinter uns zu bringen. Als wir wieder einmal in der Dunkelheit durch ein Flussbett fuhren, tauchte in der Ferne eine Gestalt auf. Sie hielt ein Licht in der Hand. Als wir näher kamen, erkannten wir einen Mann in einem weißen, fast durchsichtigen Gewand. Er hatte unsere Scheinwerfer in der Dunkelheit entdeckt. Endlich waren wir wieder in einem Ort angekommen. Die Bewohner überreichten uns die einzige Apfelsine von einem Baum und Kamelmilch. Reisen in den Nordafrika unterschied sich stark von dem, was ich aus Europa kannte. In jeder der Ortschaften im Landesinnern mussten wir vor dem Dorfältesten vorstellig werden und darum bitten, bleiben und unser Lager aufschlagen zu dürfen. Wir waren darauf angewiesen, dass uns die Menschen mit Wasser versorgten und uns Platz für die Autos und Klärchens

Zelt boten. Ich konnte in meinem gut ausgestatteten Bus schlafen. In einem der Dörfer kamen zwei Bewohner zu uns und brachten uns von sich aus eine Tasse mit Milch und zwei Eier. Die Großzügigkeit der Menschen beeindruckte mich zutiefst.

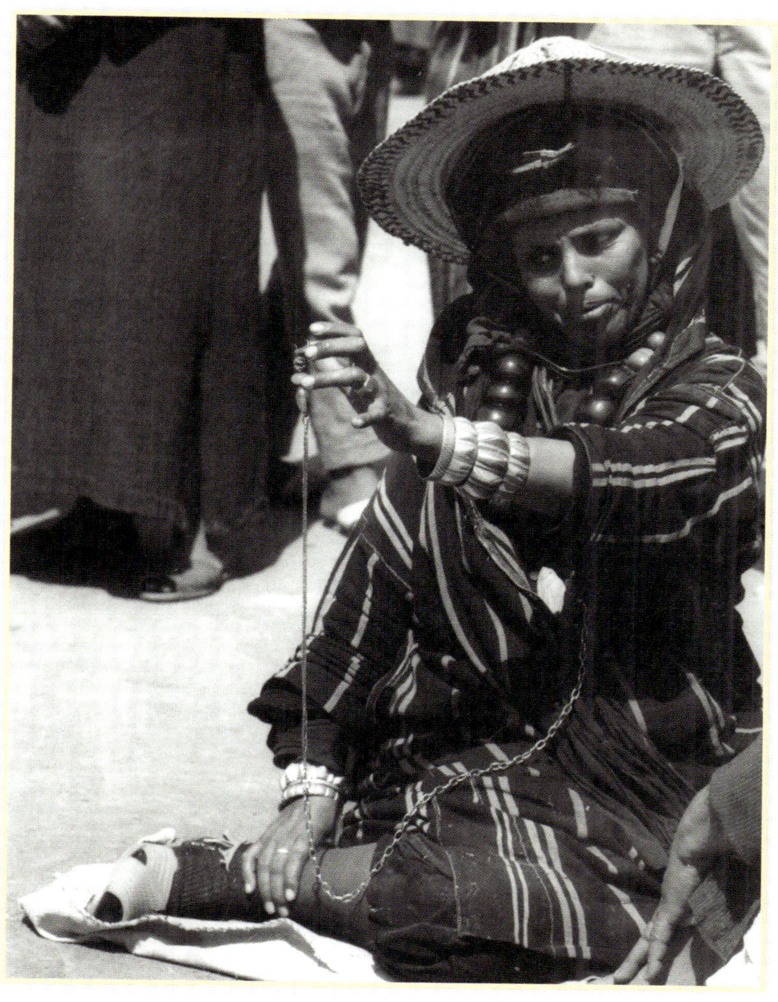

Was mich faszinierte, war das Leben in den sogenannten Kasbahs. Das sind Lehmburgen mitten in der Wüste mit einem festen Ein- und Ausgang. Was ich nicht wusste, aber auf die harte Tour lernte: Der Glaube erlaubte es dort nicht, Fotografien zu machen. Nachdem ich also meine Kamera gezückt und ausgiebig die Menschen abgelichtet hatte, lauerten mir ein paar wütende Jugendliche auf. Sie bewarfen mich mit Steinen und verfolgten mich durch die Gänge. Ich konnte gerade noch rechtzeitig flüchten. Wir fuhren mit quietschenden Reifen davon und hatten einmal mehr Glück, dass nichts Schlimmeres passierte. An anderen Orten war das Fotografieren kein Problem. Ich schoss unheimlich viele Bilder auf dieser Reise. Zum Beispiel von den Tuareg. Ein stolzes Volk mit wunderschönen Menschen. Mich beeindruckten besonders die Frauen, die ihre Kinder auf dem Rücken trugen und ihre Goldzähne im Mund zeigten. Auf einem Markt in Fès konnte ich einen Märchenerzähler beobachten, während er seine Geschichten unter das Volk brachte. Ich verstand natürlich nichts, die Szenerie zog mich aber in den Bann. Alle saßen um ihn herum und lauschten gespannt seiner Stimme. Ein magischer Moment.

Als deutsche Touristen sorgten wir mit unserer kleinen Karawane natürlich stets für Aufsehen. In den meisten Fällen wurden wir sehr herzlich empfangen, doch wir erlebten auch heikle Situationen. In Algerien gerieten wir zum Beispiel in

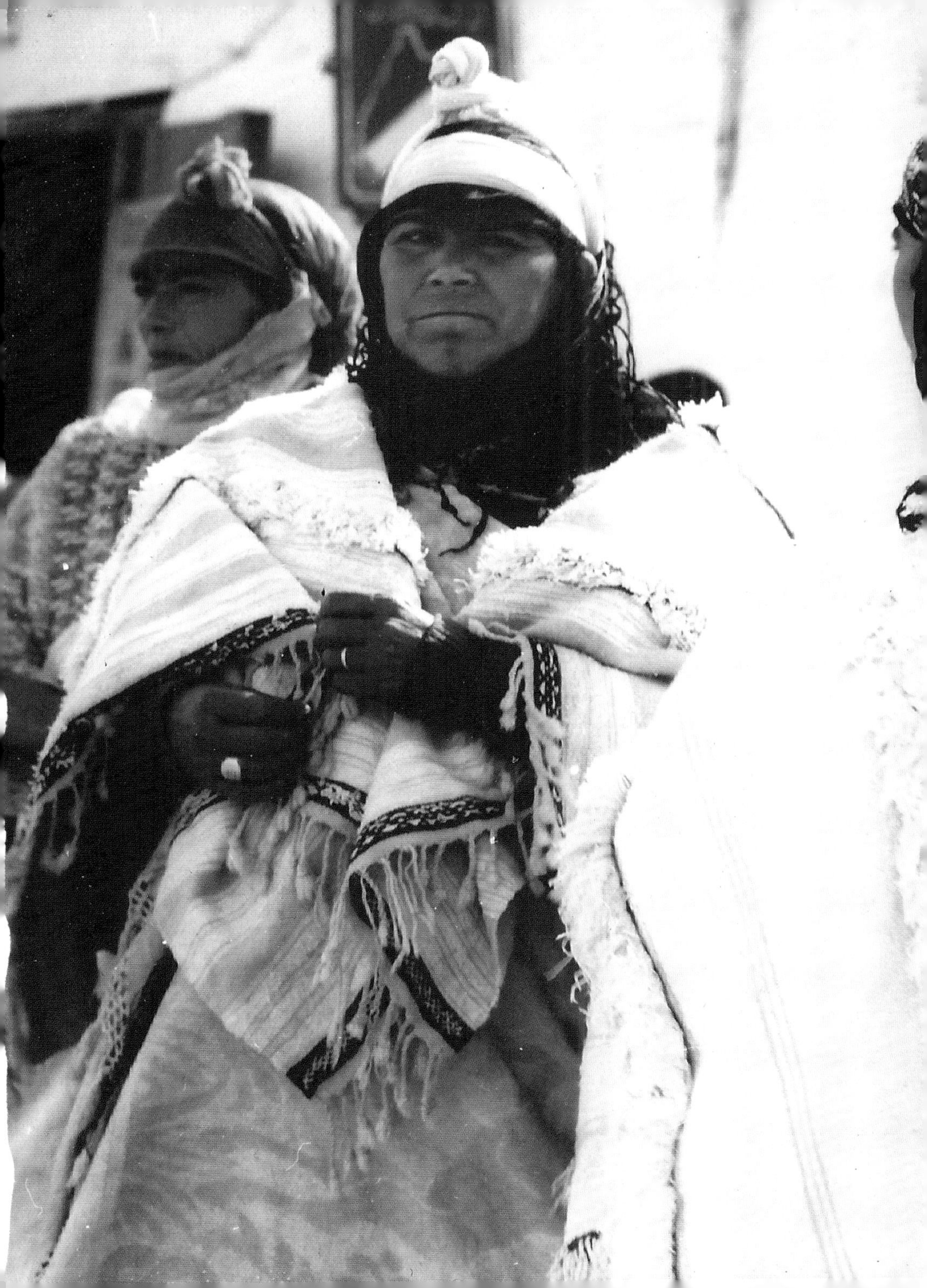

eine Kontrolle mit schwer bewaffneten Soldaten. Sie holten uns aus den Autos und bedrohten uns mit ihren Maschinenpistolen. Die Männer trugen fürchterliche grau-grüne Kriegsmäntel. Was sie von uns wollten und wie genau wir der Lage entkamen, weiß ich nicht mehr. Sie ließen uns jedenfalls passieren. Wir fuhren mit einem Schrecken davon und fragten uns, wann wohl jemand von unseren Schicksal erfahren hätte. Wir waren ja mitten im nirgendwo. Nur auf Nachfrage in den Dörfern, in denen wir uns an- und abmeldetet hatten, hätte jemand unsere Route nachvollziehen können. Wenn ich heute darüber nachdenke, wird mir ganz anders. Solche Abenteuer kann man nur in jungen Jahren unternehmen, bevor einen die Ängste und Ansprüche lähmen. Uns reichten damals Ravioli aus der Dose, gegen die Hitze banden wir uns unsere Pullover um die Köpfe. Für die Wüste waren wir wirklich schlecht ausgestattet. Unsere Schutzengel müssen Schwerstarbeit geleistet haben.

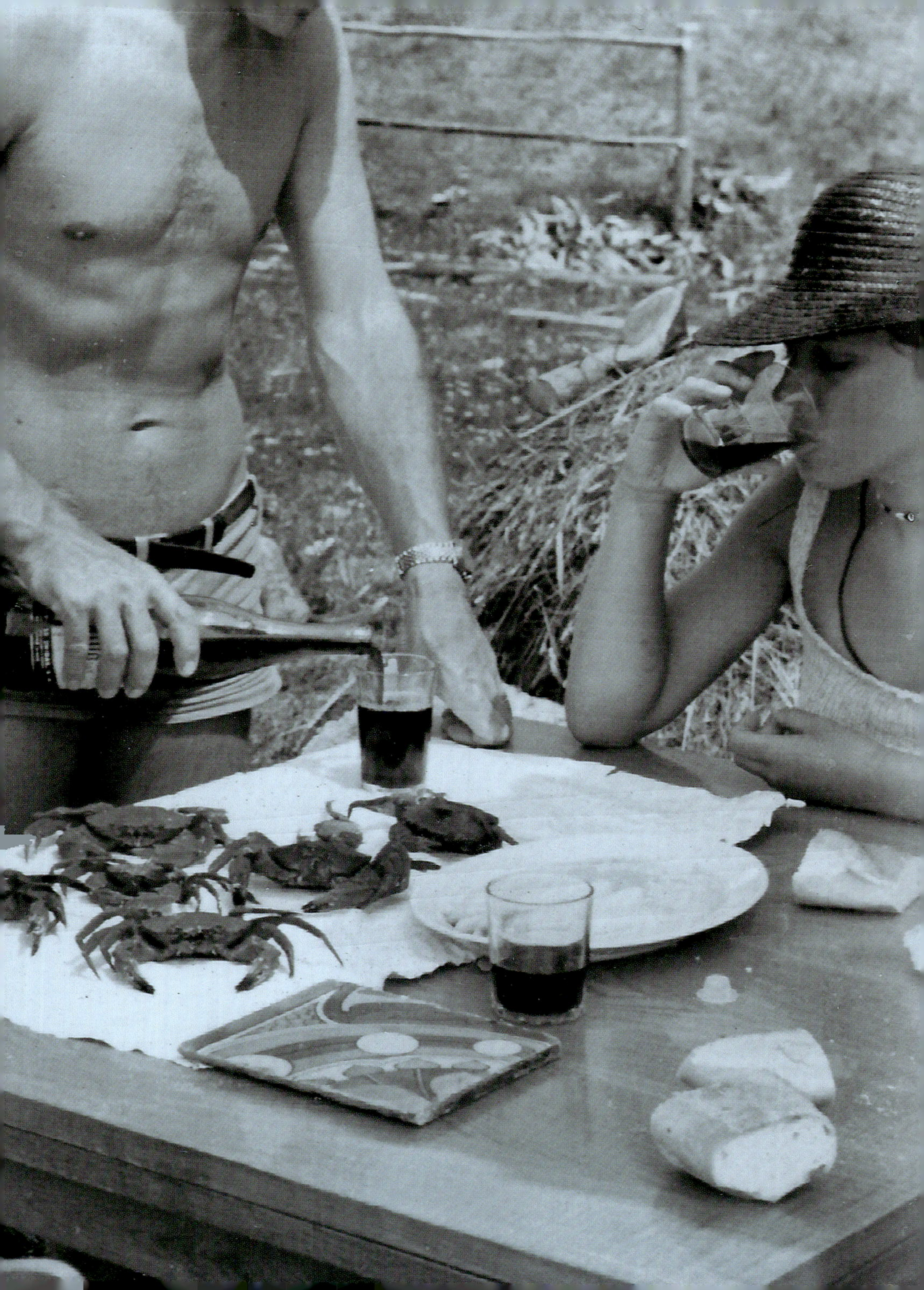

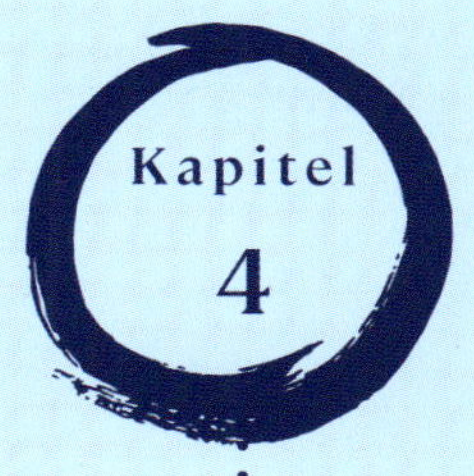


# Küsten-abenteuer

## DER TURMBAU ZU PECHÓN UND DER BETONPALAST

**ZEIT:** *1970er Jahre*

**ORTE:** *Pechón an der Küste Nordspaniens*

**WER WAR WICHTIG?** *Mein Ex-Verlobter*

**WORUM GEHT ES?** *Freiheit, Abenteuer, eine Müllhöhle, Querköpfe, Macher-Qualitäten, Kinderwunsch, Gefahr*

---

Die Wellen peitschten unentwegt gegen die steilen Klippen, auf unsere Insel führte nur ein schmaler Weg. Trotzdem hatte sich mein damaliger Verlobter in den Kopf gesetzt, genau dort einen Turm zu errichten. In dieser Hinsicht waren wir uns sehr ähnlich. Wenn wir etwas wollten, ließen wir uns davon nicht mehr abbringen.

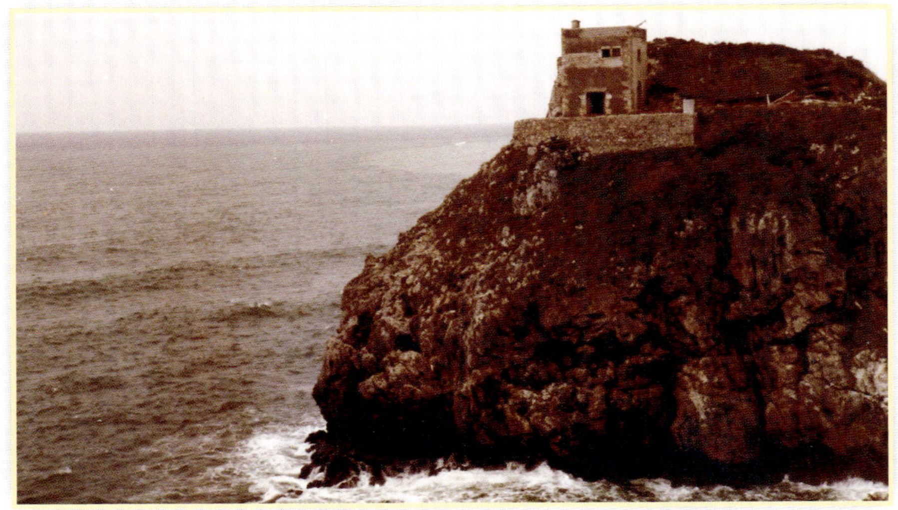

Wenn ich an meine Zeit mit meinem Ex zurückdenke, habe ich scharfe Kanten und Zacken wie tödliche Bärenfallen vor Augen, die zuschnappen und sich ohne Gnade in ihren Opfern festkrallen. Ich sehe diese Gefahren in den Arbeiten von damals, ich malte sie ganz unbewusst. Mir gelingt es erst mit großer zeitlicher Distanz, die Bedeutung meiner eigenen Bilder zu entschlüsseln. Sie entstehen immer aus dem Bauch heraus. Tief in mir muss ich gespürt haben, dass das Ganze ein unheilvolles Ende nehmen würde. Schlecht in Erinnerung habe ich unsere Beziehung deswegen nicht. Im Gegenteil. Wir waren ein verrücktes Paar und verbrachten eine durchgeknallte, intensive Lebensphase zusammen.

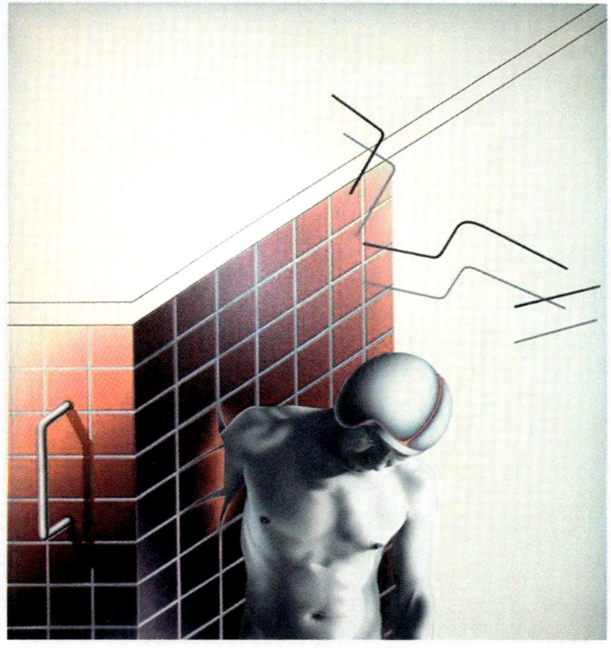

Kennengelernt hatten wir uns in Hamburg, da war ich noch Studentin. Weil es sich damals so gehörte, wenn man länger als Paar zusammen war, verlobten wir uns auch. Besonders ernst nahmen wir das nicht. Einmal im Jahr fuhren wir nach Nordspanien in den Ort Pechón. Pechón liegt direkt an der Atlantikküste in der Provinz Kantabrien, an der Grenze zu Asturien. Mein Ex hatte fünf Jahre lang mit einem Spanier zusammengelebt und als Dolmetscher gearbeitet. Er war bisexuell, das sollte ich aber erst viel später herausfinden. Er kannte Land und Leute gut und hatte es irgendwie geschafft, an die Hälfte einer kleinen Insel mit einem kleinen Berg zu gelangen. Auf dem Hügel sollte der besagte Turm stehen.

Ein abenteuerliches Projekt war das. Die Spanier vor Ort erklärten uns für völlig verrückt, wenn wir von unseren Plänen berichteten. Es war zwar nicht ganz ungewöhnlich, solche viereckigen Türme zu bauen. Entlang der Küste gab es viele davon. Doch zwei junge Deutsche, die auf eigene Faust so ein Bauwerk auf eine schwer begehbare Insel setzen wollen – dafür hatten die Einheimischen nur Kopfschütteln übrig. Die Steine, die wir aus dem Nachbarort organisierten, mussten mit einer Seilbahn auf die Insel geschafft werden. Auf die Insel führte ja nur der kleine Weg entlang der Klippen. Ohne Unterstützung war es nicht zu schaffen. Deswegen rekrutierten wir Arbeiter aus dem Ort und der Turm nahm nach und nach Form an. Später wurde auf diese Weise sogar ein Klavier auf die Insel befördert. Ein Freund, der seine Doktorarbeit in dem Turm schrieb, wollte es unbedingt dabei haben. Solche Ideen lebten wir damals einfach aus.

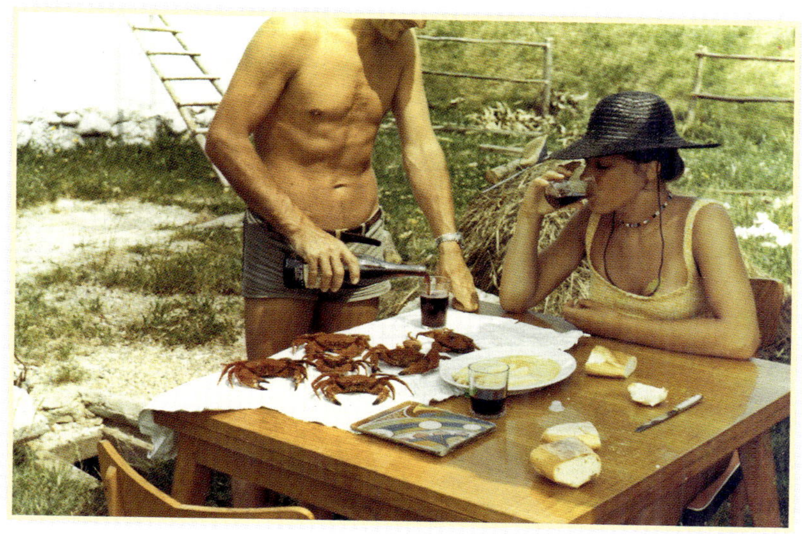

Alles andere als gewöhnlich war auch unser eigentliches Domizil bei Pechón. Wir wohnten auf einem Schiff an Land, gegossen aus Zement. Es gehörte einem Freund meines Verlobten. Dieser Freund betrieb die einzige Bar in der Umgebung. Er war der Grund dafür, dass es uns überhaupt nach Pechón verschlagen hatte. In diesem Zementungetüm wurde ich damals sehr krank. Ich bekam hohes Fieber, ein Arzt musste uns aufsuchen. „Sie brauchen einen Mann, der Sie wirklich liebt", das sagte der Arzt zu mir. Er hatte Recht, doch ich konnte es noch nicht sehen. Denn als Belastung empfand ich die Beziehung nicht. Wir waren beide Macher, die nicht stillsitzen konnten. Wenn wir Hunger hatten, angelten wir riesige Aale und aßen Muscheln. Wenn wir Unternehmungslust verspürten, fuhren wir in die Berge, wo die Wölfe laufen und die Adler fliegen. Ich sehe noch vor mir, wie wir einen schmalen, verschneiten Weg hochfuhren. Irgendwann trafen wir den Bewohner eines Bergdorfes. Er riet uns, besser umzukehren. Die heulenden Wölfe hatten wir bis dahin gar nicht gehört. Die Dorfbewohner bliesen in große Muscheln und erzeugten einen unheimlichen Ton, mit dem sie die Wölfe in das Tal trieben. Wir genossen diese Reisen ins Ungewisse in vollen Zügen. Einmal wagten wir uns in einen riesigen Schlund vor. Eine Müllhöhle in der Nähe von Pechón, in die die Spanier ihren Abfall und ihre Tierkadaver warfen. Kein Mensch ging da freiwillig rein, aber genau das reizte uns. Wir waren durchgeknallt genug, schnappten uns Kerzen, einen Windfang und Gummistiefel und rutschen die glatten Steine immer weiter runter, ohne an den Rückweg zu denken. Niemand wusste, dass wir dort unten waren. Wir hatten großes Glück, dass alles gut ging.

# NIE ZU ALT ZUM HEIRATEN

„Wann kann man eigentlich heiraten?“, fragte mich Hannes viele Jahre später einmal. Da war er noch ganz lütt. Warum er das wissen wolle, fragte ich ihn. „Na damit du meinen Kindern auch mal die Geschichten erzählen kannst, die du mir immer erzählst“, erklärte er mir. Heiraten, das bedeutete Kinderkriegen für ihn. Dass ihm der Reichtum unserer gemeinsam erfundenen Geschichten so wichtig war, berührte mich sehr. Zu meiner Antwort von damals stehe ich: „Wenn du jung bist oder wenn du alt bist, das kannst du immer.“ Mir war die Malerei immer am wichtigsten. Wer da störte, flog raus. Jetzt habe ich Zeit, die Arbeit steht nicht mehr über allem. Wer weiß, was sich ergibt.

Mein Kinderwunsch führte letztlich zur Trennung von meinem Ex-Verlobten. Für mich war klar, dass ich irgendwann Mutter sein und ein Kind groß ziehen wollte. Das stand nie zur Debatte. Er wollte es nicht. So war unsere Zeit am Ende nicht mehr als ein großes Abenteuer. Obwohl wir ohnehin eine offene Beziehung führten, fiel mir die Trennung sehr schwer. Einen Schlussstrich konnte ich erst nach meinem Stipendium in Paris ziehen. Von da an machte ich meine Tour durchs Leben alleine. Bis irgendwann meine biologische Uhr sehr laut zu ticken anfing. Meinen Hannes brachte ich mit 38 Jahren zur Welt. Bis zu seiner Geburt paffte ich sicher drei Packungen Gauloises am Tag weg. Mit dem positiven Schwangerschaftstest war das vorbei, Zigaretten interessieren mich seither nicht mehr. Hannes ist das Beste, das mir im Leben passierte. Es gibt nichts Schöneres, als seinem eigenen Kind dabei zuzusehen, wie es die Welt entdeckt. Ich konnte das Leben durch seine Augen noch einmal von Neuem sehen. Wir lachten gemeinsam, spielten Zirkus, ersannen miteinander Fantasiegeschichten wie die Geschichte vom Bären. Wir verbrachten viel Zeit im Freien, das war mir immer wichtig.

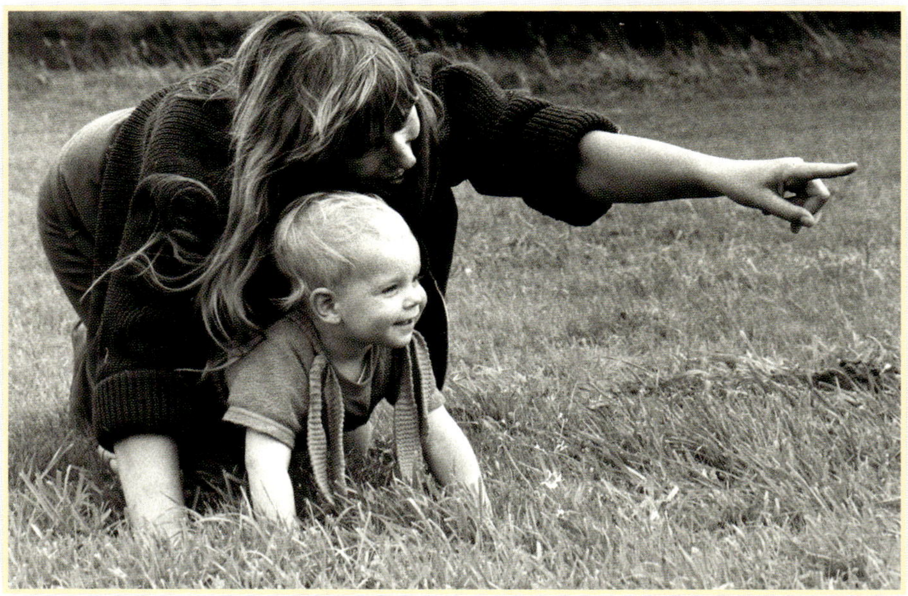

Es gibt eine Fotografie von uns im Hamburger Jenisch Park. Das Bild vermittelt einen Eindruck davon, wie sehr wir damals den Reichtum dieser Welt ohne viele Mittel genossen.

## HANNES‘ VATER

Den Vater von Hannes bezeichne ich gern als liebenswürdigen Chaoten. Er ist früh gestorben. Als wir zusammen waren, wohnte er nicht in Hamburg. Wir verbrachten nie länger als zwei Tage am Stück miteinander. Er war auch Künstler und bezeichnete meine Arbeiten einmal als „Scheißhauskritzeleien“. Das hinterließ tiefe Wunden bei mir. Leider hatte er mit einer starken Alkoholsucht zu kämpfen, bei der ich ihm nicht helfen konnte. Unsere Beziehung hielt nicht lange. Mit einem Maler wollte ich nie wieder zusammen sein. Über Kontaktanzeigen in der Wochenzeitung „Die Zeit“ suchte ich danach nach Zauberern und Archäologen. Ich hatte keine Probleme, Männer kennenzulernen. Aber es diese Annoncen machten mir großen Spaß, obwohl sich größtenteils Witwer und junge Callboys bei mir meldeten.

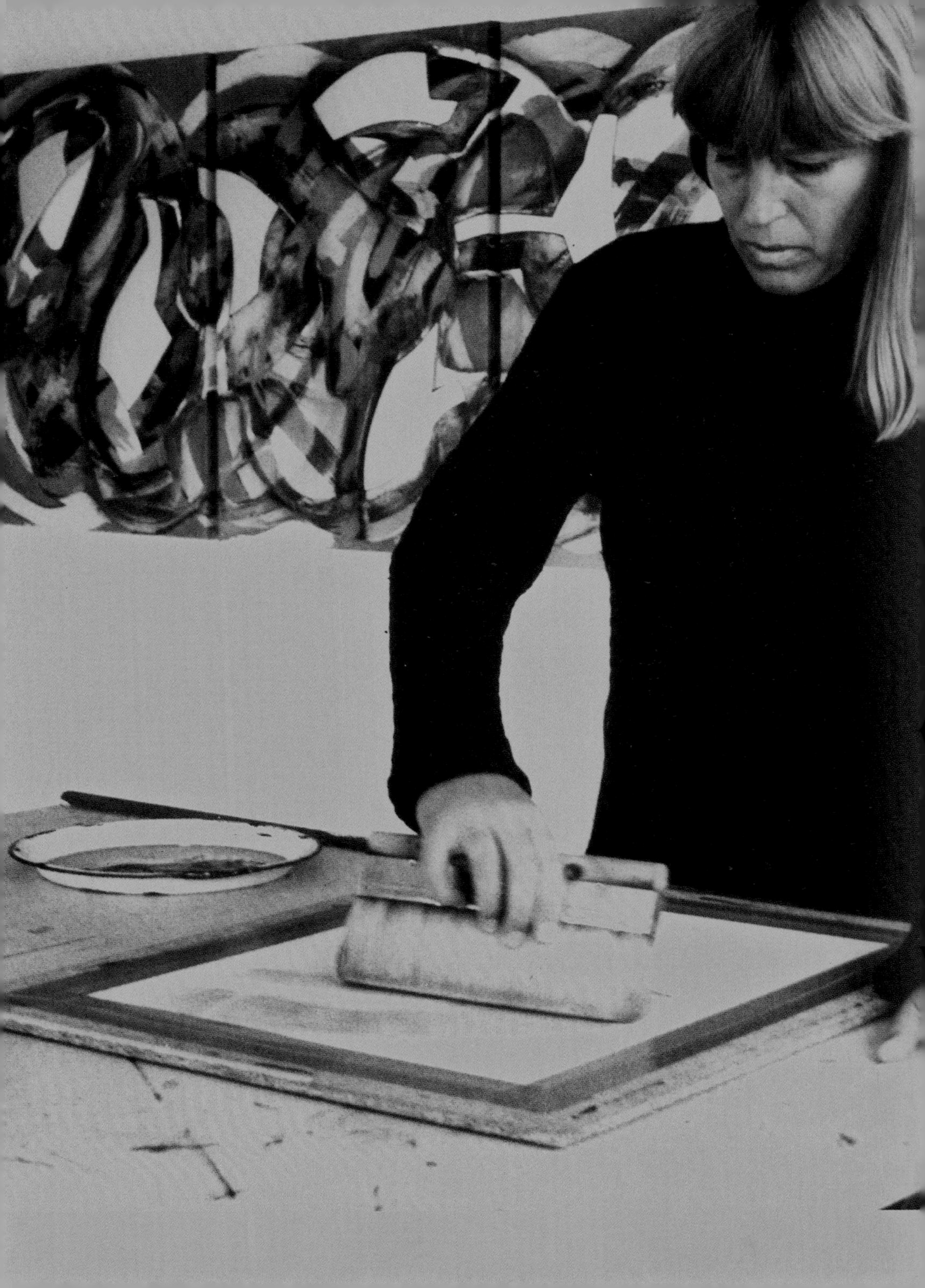

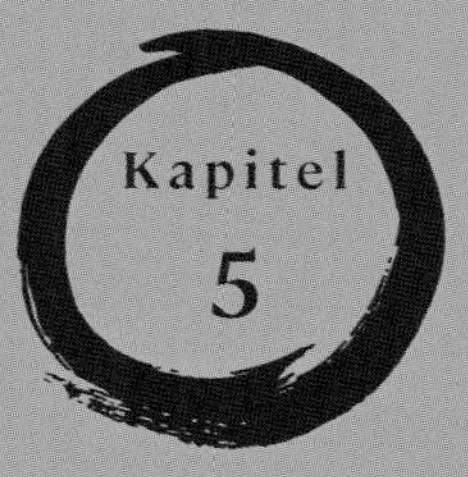


# Atelierjahre

## DER TOTE AM FENSTER, HOLLYWOOD UND DER HAMBURGER BÜRGERMEISTER

**ZEIT:** *Ab 1974*

**ORTE:** *Hamburg, Paris*

**WER WAR WICHTIG?** *Mein Sohn Hannes, mein Vater, meine Galeristin Elke Dröscher, Hamburgs Bürgermeister Klose, Abendblatt-Redakteur Paul Theodor Hoffmann, die Hamburger Kulturbehörde*

**WORUM GEHT ES?** *Künstlerleben im Karoviertel, Löcher im Atelier, durchfeierte Nächte, heiße Zeiten und die RAF, Stipdendium in der Cité des Arts, Besuch vom Bürgermeister, Filmdreh im Atelier, Selbstmord, Religion, der Tod meines Vaters*

---

Als ich 1974 mein eigenes Atelier in einem Künstlerhaus im Hamburger Karolinenviertel bezog, war die Immobilie in einem furchtbaren Zustand. In der Wand klaffte ein Loch. Immerhin hatte ich durch die Öffnung einen direkten Blick auf das Heiligengeistfeld. Wenn dort der Hamburger Dom stattfand, konnte ich das bunte Treiben beobachten. Auch im Boden befand sich ein riesiges Loch. Manchmal legte ich mich hinein, machte es mir mit einer Decke gemütlich und las ein Buch. Die Toilette befand sich außerhalb des Ateliers und war im Winter eingefroren. Und die Fenster waren undicht, bei Regen kam das Wasser ins Atelier. Trotzdem liebte ich diesen Ort von Beginn an. Ich machte das Beste aus den Verhältnissen und freute mich einfach, dass ich dort konzentriert meiner Arbeit nachgehen konnte und viele andere Künstler um mich herum hatte. Anfangs konnte ich mir nur die Hälfte des Ateliers leisten, irgendwann kam der Rest dazu. Viel Platz hatte ich trotzdem nicht. Als Hannes einige Jahre später auf die Welt kam, musste ich ihn im Waschbecken baden. Auch das klappte irgendwie. Zwischenzeitlich hatte mir die Hamburger Kulturbehörde drei neue Fenster spendiert und eines der Probleme aus der Welt geschafft.

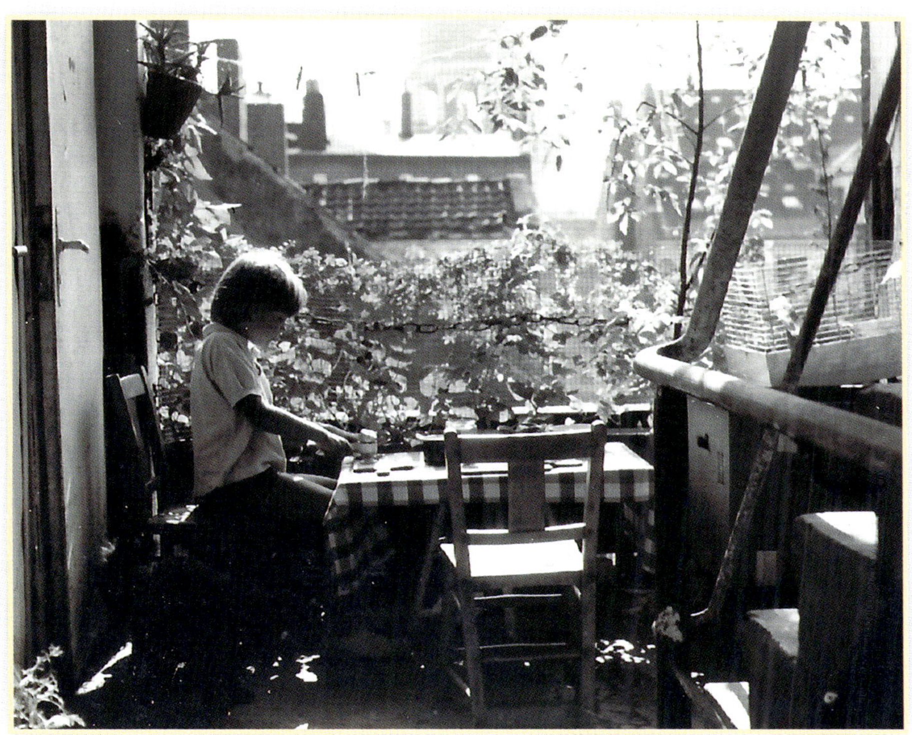

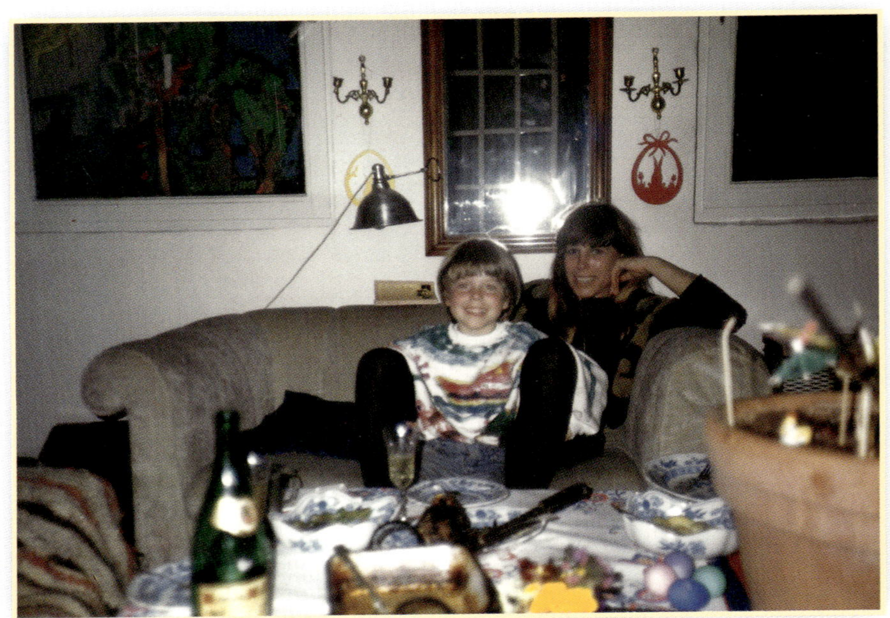

# IN PARIS ENTDECKT

1974 war aber nicht nur wegen des Einzugs in mein geliebtes Atelier ein besonderes Jahr für mich. Mit Unterstützung der Kulturbehörde ging ich nach Paris an die Cité des Arts, eine bedeutsame Einrichtung für internationale Künstler. Während dieses Stipendiums entdeckte mich der Fotograf und Galerist John Craven. Als ich das erste Mal mein Gastatelier in Paris betrat, drang laute Geigenmusik durch die Türen und Wände. Sie kam von japanischen Violinisten nebenan. Ich fühlte mich sofort wohl. Während des Stipendiums freundete ich mich mit der portugiesischen Künstlerin Lourdes Castro und dem Künstler René Berteloot an. Dort lernte ich auch den Hamburger Maler Jan Voss kennen. Er ist einer der wenigen zeitgenössischen Maler, die ich wirklich schätze. Viel Geld hatte ich als junge Künstlerin nicht übrig. Meine Eltern überwiesen mir damals extra ein bisschen Geld, damit ich mir zwischendurch eine gute Flasche Wein leisten konnte. Was mich besonders faszinierte, waren die üppig gefüllten Käsegeschäfte in Paris. Käse in allen Formen und Farben, so etwas gab es zu dieser Zeit in Deutschland nicht. „Käse muss sich bewegen“, sagte mein Galerist John Craven einmal zu mir, als ich ihn in seinem Büro besuchte. Er hatte viel vor mit mir, selbst war er bekannt für seine Aufnahmen der Pariser Schornsteine. Craven war so überzeugt von mir und meiner Arbeit, dass er mich dauerhaft unter Vertrag nehmen wollte. Ich sollte ihm eine bestimmte Anzahl von Bildern im Jahr liefern. Das war eine Ehre für eine junge, unbekannte Künstlerin wie mich. Aber der Druck war mir zu groß. Der Zwang hätte meiner Kreativität geschadet, war ich damals sicher. Drei Jahre nach meiner Zeit in Paris verstarb John Craven und ich verlor meinen Freund und Förderer. Manchmal frage ich mich, wo ich heute stehen würde, wenn er länger gelebt hätte.

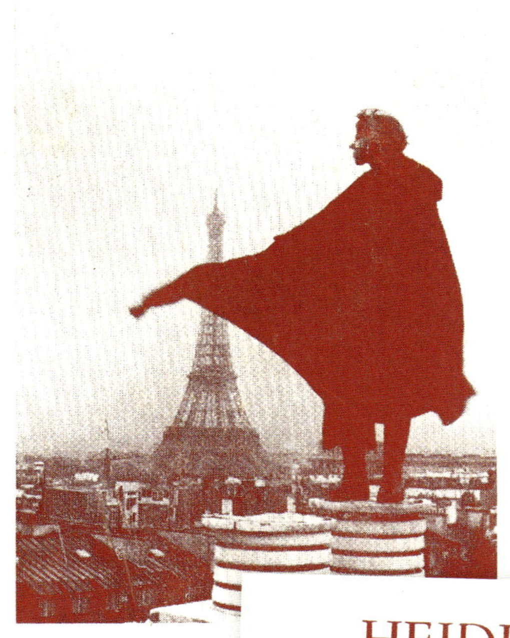

# HEIDI MEYER

PREMIÈRE EXPOSITION A PARIS

LE NOUVEAU RÉALISME ALLEMAND
"FUTURISTE-
CONSTRUCTIVISTE-FANTASTIQUE"

**15 NOVEMBRE - 31 DÉCEMBRE 1974**

## GALERIE CRAVEN

4, AVENUE DE MESSINE
75008 PARIS - TÉL. 292.03.91

de 14 h 30 à 18 h 30 - fermé samedi-dimanche

Als sich mein Stipendium an der Cité des Arts dem Ende zuneigte, war mir klar, dass ich mit Paris noch nicht fertig war. Das spürte ich ganz deutlich. Die erste Verlängerung flog mir einfach zu. Bei meiner Abschieds-Ausstellung im Pariser Goethe-Institut bot mir der Institutsleiter an, das Haus einer Mitarbeiterin zu hüten. Sie musste die Stadt für längere Zeit verlassen. Ich durfte kostenlos in ihrer Wohnung wohnen, musste mich im Gegenzug nur um ihren Kater kümmern. Ich war überglücklich und nahm das Angebot natürlich an. Als auch diese Zeit endete, setzte ich mich in meinen 2CV und trat die Heimreise nach Hamburg an. Mitten in Belgien hielt ich an, rief einen Freund in Paris an und kehrte um. Nach einer spontanen Reise durch die Bretagne kam ich einige Wochen in der Pariser Künstlerkolonie „La Ruche" unter. „La Ruche" ist ein berühmtes Gebäude, das Gustave Eiffel wie auch den Eiffelturm für die Weltausstellung 1900 gebaut hatte. Dort bewohnte ich ein kleines Zimmer zum Leben und Arbeiten. Erst danach war die Zeit reif, um nach Hamburg zurückzukehren. Mit Paris blieb ich eine Zeit fest verbandelt. In meinem kleinen Auto besuchte ich regelmäßig Freunde und transportierte Bilder von Hamburg und zu John Cravens Galerie und andersherum. Bis er starb und das enge Band zu Paris sich damit lockerte.

# FEUCHT-FRÖHLICHE KÜNSTLERJAHRE

In Hamburg genoss ich die wilden Zeiten der Hamburger Kunstszene in den 70er Jahren. Wir ließen damals keine Möglichkeit zum Feiern aus. Ich war mit Künstlern wie dem mittlerweile verstorbenen Dieter Nestler, mit Günter Krakau, Rolf Laute, Dieter „Glasi" Glasmacher und Werner Nöfer auf der Piste unterwegs. Ein beliebter Künstlertreffpunkt war das „Cosinus" im Grindelviertel. Stammgäste waren wir auch im „Madhouse", einem legendären Club. Das „Madhouse" war die Anlaufstelle für alle Nachtschwärmer, die letzte Station einer langen Kneipennacht. Wenn wir mit Taxis von Kneipe zu Kneipe gependelt waren, tanzten wir uns stets im „Madhouse" den Alkohol wieder aus dem Körper. Praktischerweise lag der Club direkt gegenüber von meinem Atelier, sodass ich direkt ins Bett fallen konnte. Besonders war die Zeit nicht nur wegen der ausschweifenden Partys, sondern auch wegen des Miteinanders unter uns Künstlern. Es gab keinen Neid. Wir halfen uns ganz selbstverständlich untereinander, vermittelten uns Ausstellungen und hielten in jeder Hinsicht zusammen.

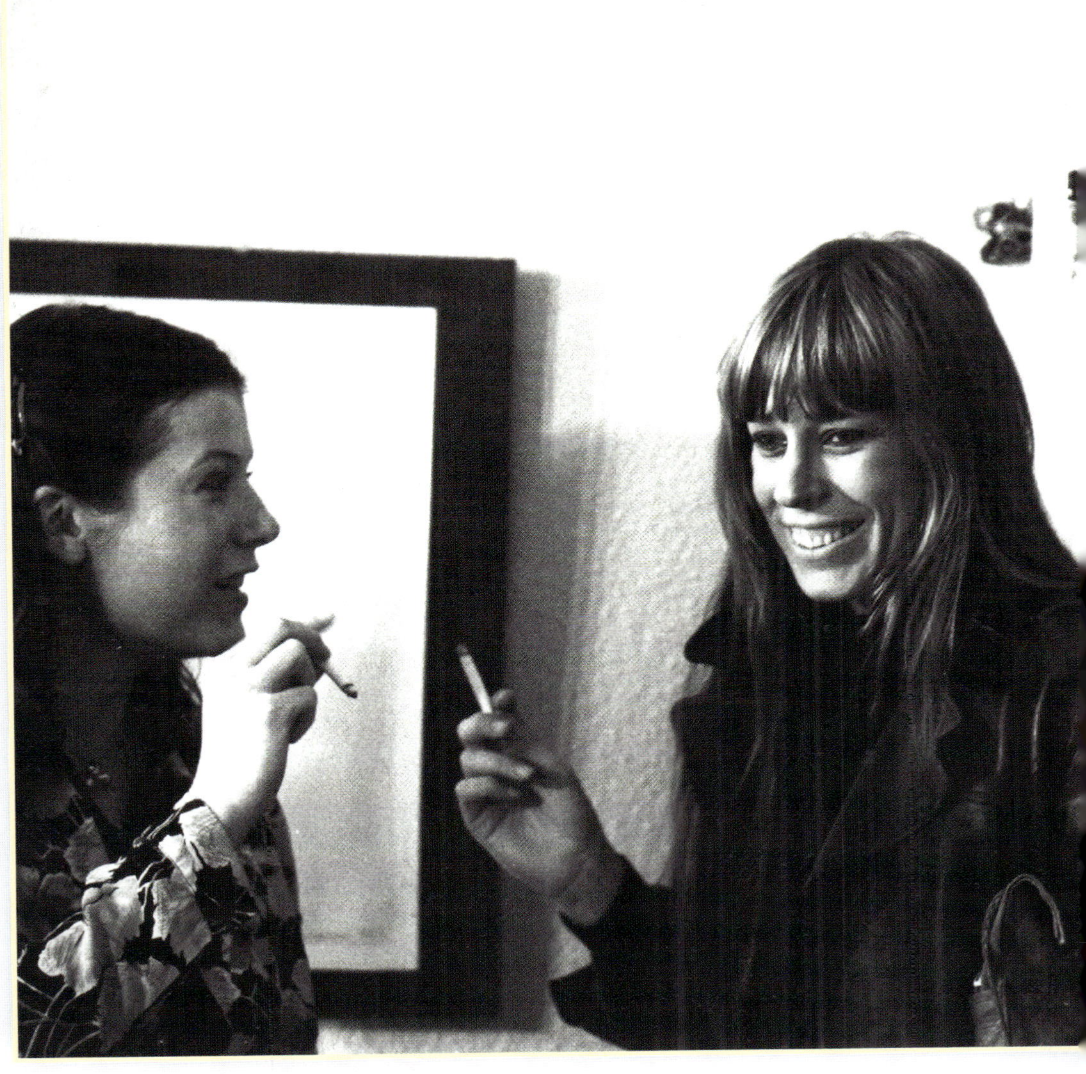

Das scheint sich verändert zu haben, dieser Zusammenhalt ist in meinen Augen leider verloren gegangen. Aber auch damals war nicht alles heiter Sonnenschein. Künstler sind nämlich eine gefährdete Spezies. Ich musste mehrere Selbstmorde von Freunden und Bekannten verkraften. Allein in meinem Atelierhaus im Karolinenviertel nahmen sich zwei Männer das Leben. Der eine starb an einer Überdosis, der andere erhängte sich an einem Strick. Er wohnte über mir und hing nach seinem Selbstmord vor meinem Fenster. Eine furchtbares Schicksal und ein schrecklicher Tag, den ich nie vergessen werde. Die Polizei kam, um die arme Seele von seinem Seil nehmen. Er hatte es an der Winde an der Außenmauer befestigt. Das Desinfektionsmittel, mit dem der Einsatztrupp die Wohnung des Toten über mir reinigte, kann ich heute noch förmlich riechen. Der Geruch bahnte sich damals den Weg durch das Treppenhaus bis in mein Atelier. Mich nahm der Vorfall sehr mit. Von den Beamten kümmerte sich leider keiner um mich, dabei hätte ich wirklich Beistand gebrauchen können. Ich hoffe, dass die Polizei auf solche Situationen heutzutage besser vorbereitet ist.

Dass mein Nachbar von oben ernsthafte seelische Probleme hatte, war mir schon länger klar gewesen. Er war Mathematiker, Maler und hoch intelligent. Meine Versuche, ihm zu helfen, verliefen leider im Sande. Einmal begleitete ich ihn sogar zum psychiatrischen Notdienst. Aber er wusste, was er den Leute erzählen mussten, er konnte sich verstellen und selbst Fachleute an der Nase herumführen. Ich muss zugeben: Ich hatte Angst vor ihm, Angst um meinen Hannes. Anlass dazu gab er mir genug. Er fotografierte Hannes zum Beispiel manchmal, wenn er von der Schule nach Hause kam. Er randalierte zudem nachts in seiner Wohnung und machte wahnsinnigen Lärm. Einmal erzählte er mir, dass er gerne tot in einer Mülltonne gefunden werden möchte. Letztlich hing er reglos vor meinem Fenster.

## BESUCH VOM HAMBURGER BÜRGERMEISTER

In den 70ern Jahren hatte das Karoviertel einen miesen Ruf. Es war eine Gegend, in die man freiwillig gar nicht ging. Trotzdem kam der damalige Hamburger Bürgermeister Hans-Ulrich Klose eines Tages in mein Atelier. Ich weiß nicht mehr warum oder wie er auf mich kam. Woran ich mich gut erinnere ist, dass er nach seinem Besuch eine meiner Arbeiten kaufte. „Schattentheater" heißt das Bild, es hing in seinem Büro im Rathaus. Klose förderte mich und die Künstler überhaupt in der Stadt, das rechne ich ihm immer noch hoch an. Natürlich kam der Bürgermeister nicht spontan bei mir vorbei. Vorher hatte sein Sicherheitspersonal alles gründlich untersucht. Auch bei seinem Besuch hatte Herr Klose einen Begleiter dabei. Eine Klingel oder Türschilder gab es in dem Haus damals nicht, weder unten noch oben. Man klopfte einfach an die Tür, verschlossen war sie nie. Das ging, obwohl es keine feine Gegend war. Auch mein Auto stand immer offen. Eines Tages fand ich darin eine Flasche Wein und einen Zettel. „Vielen Dank für die Unterkunft" stand darauf. Für Bürgermeister Klose stellte ich jedenfalls Schilder quer durch das Atelierhaus auf, um ihn durch das Treppenhaus zu meinem Atelier zu leiten. Seine Aufpasser kannten den Weg, aber wollte ihn so höflich wie möglich empfangen.

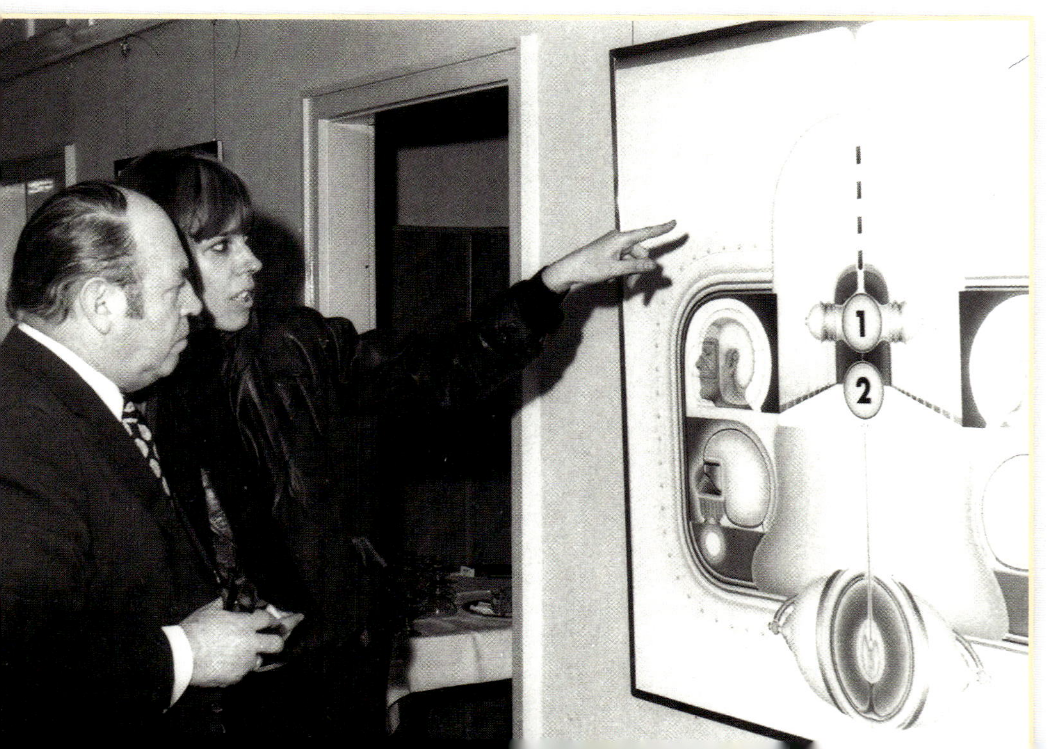

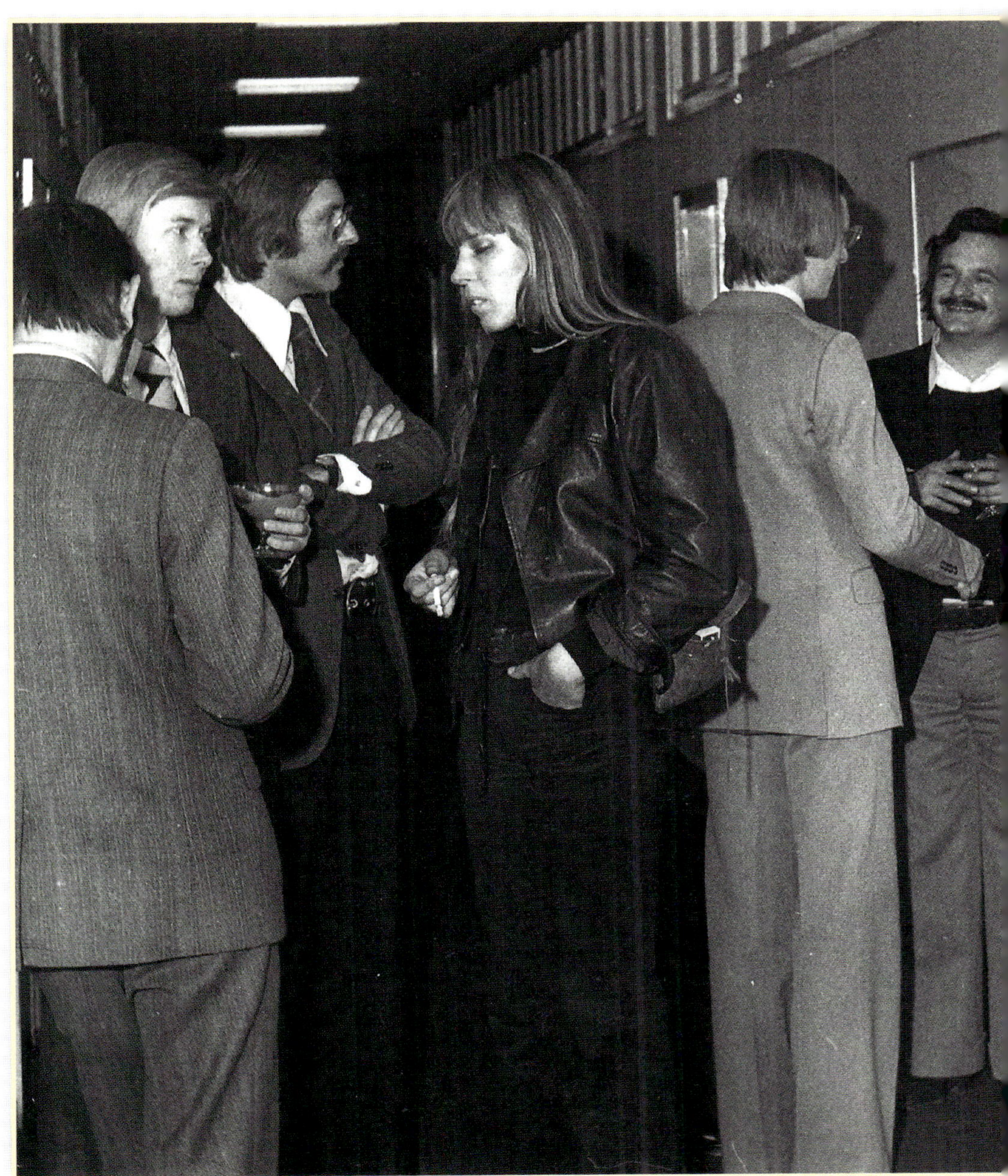

# HOLLYWOOD IM ATELIER

Mit dem genügsamen Leben als Künstlerin hatte ich nie ein Problem. Hannes und ich kamen immer mit wenig aus. Als mir eine Hollywood-Produktionsfirma 1000 DM für mein Atelier anbot, schlug ich selbstverständlich trotzdem zu. Das muss im Jahr 1984 gewesen sein – und ich hatte nicht mehr für das Geld zu tun, als tagsüber dem Atelier fernzubleiben. In dieser Zeit drehte das Team Szenen für den Thriller „Target“ mit Gene Hackmann in meinen Räumen. Gene Hackmann selbst traf ich nicht, aber einige Schauspieler waren abends noch im Atelier, wenn ich mit Hannes zurückkehrte. Es fühlte sich seltsam an, stundenlang ohne Ziel oder Aufgabe durch Hamburg zu schlendern. Fürs so etwas hatte ich damals nie Zeit. Hannes war noch ein Kleinkind und ich arbeitete in jeder freien Minute, damit wir über die Runden kamen. Das Geschenk dieser freien Tage nutze ich, um in Ruhe Essen zu gehen, Ausstellungen zu besuchen und für ausgiebige Parkbesuche. Es war wie Urlaub in der eigenen Stadt.

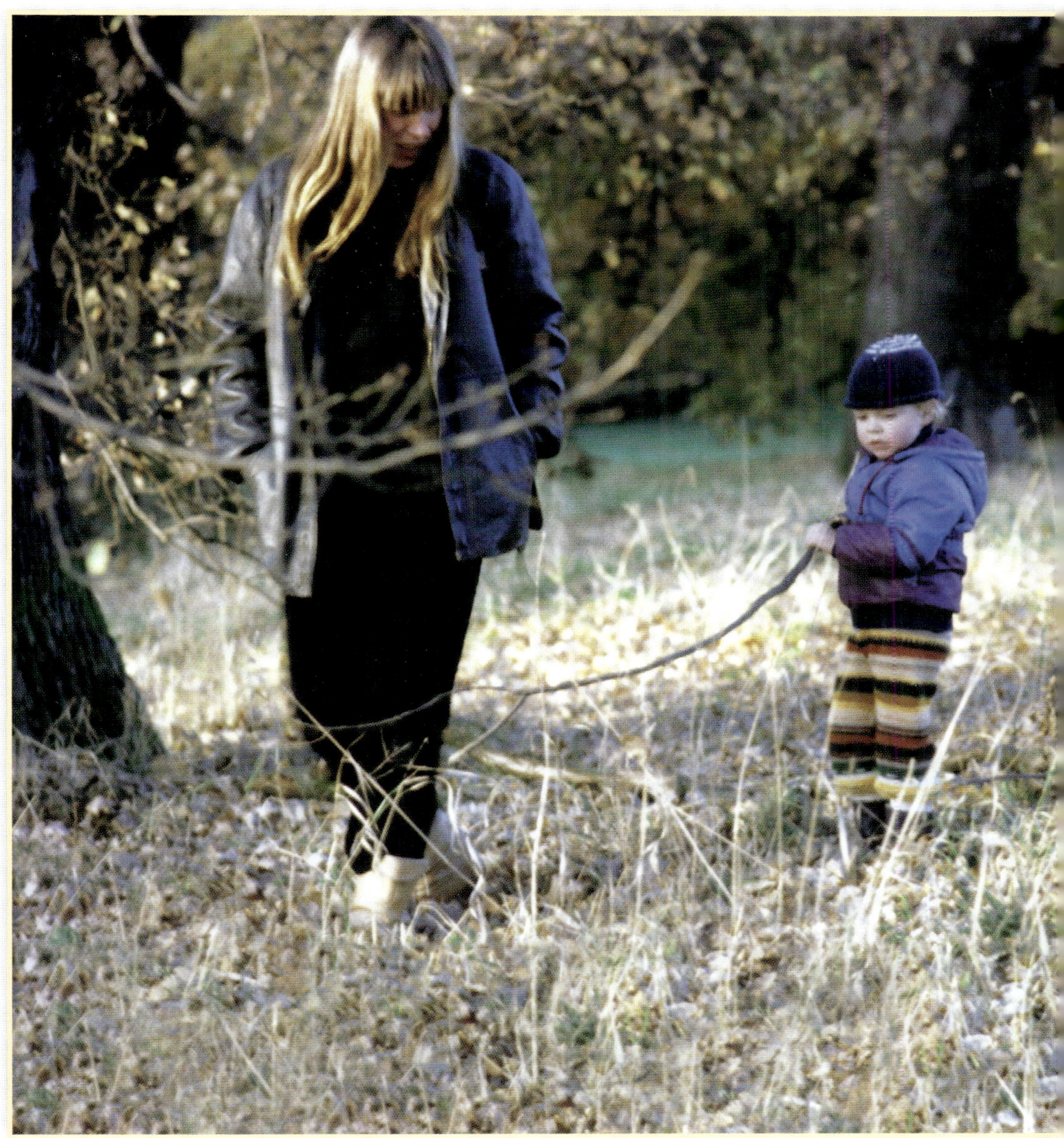

# KARRIERESTART MIT ELKE DRÖSCHER

Eine zentrale Figur für meinen Karrierestart als Künstlerin in Hamburg war die Galeristin Elke Dröscher. Jeder, der sich für Kunst und Kultur in Hamburg interessiert, kennt den Namen Elke Dröscher. Sie hatte schon im Jahr 1968 den Kunstraum Falkenstein in Blankenese gegründet und sich einen Namen als Galeristin und Kuratorin gemacht. Dort betreibt sie heute auch ihr berühmtes Puppenmuseum. In Dröschers Galerie stellte ich das erste Mal im Jahr 1980 aus, danach war folgten regelmäßig Ausstellungen. Sie vermittelte unheimlich viel, meine Arbeiten verkaufte sie vor allem in Hamburg und an die Staatsgalerie in Stuttgart, teilweise auch nach Paris. Die Geschäfte liefen gut, aber zwischenmenschlich taten wir uns schwer. Zwei charakterstarke Frauen, das kann einfach nicht gutgehen. Ich lasse mir wenig sagen, das war Elke Dröscher als einflussreiche Galeristin nicht gewohnt und so gerieten wir regelmäßig aneinander. Ich blicke zwiegespalten auf diese Zeit zurück. Fest steht: Elke Dröscher ist die beste Galeristin, die ich jemals kennenlernen durfte.

Als Künstlerin etablierte ich mich auch dank meiner Penetranz. Ich ließ mich nicht abwimmeln, fragte immer wieder nach und forderte Aufmerksamkeit ein. Ich ging den Leuten teilweise richtig auf die Nerven. Das war mir bewusst, aber es hielt mich nicht davon ab. Zum Beispiel ging ich eines Tages ins Museum für Kunst und Gewerbe in Hamburg und wünschte mir, dort meine Bilder auszustellen. So läuft das eigentlich nicht. Die Kuratoren wollen auf Künstler aufmerksam werden und sie einladen, bei Ihnen im Haus auszustellen. Es war nicht einfach, aber auch im Gespräch mit der Kuratorin im Museum für Kunst und Gewerbe schaffte ich es, das Eis zu brechen.

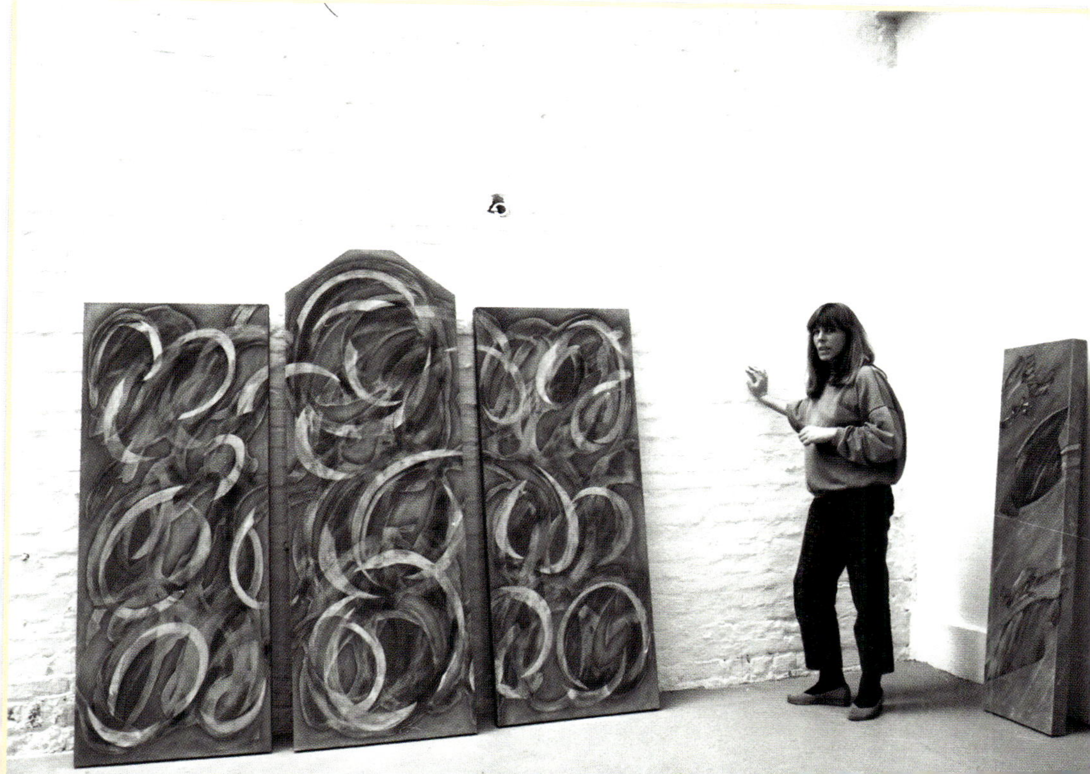

# DIE TAUFE

Über die Jahre arbeitete ich an vielen tollen Projekten mit spannenden Leuten zusammen. Außergewöhnlich war eine Ausstellung in der großen Gnadenkirche in St. Pauli. Mit dabei war zum Beispiel der Künstler Rolf Laute, der das Projekt „Die Schlumper" für behinderte Künstler in Hamburg gegründet hatte und dafür viel Aufmerksamkeit bekam. Rolf hatte aber auch eine Kunstschule in Hinterhaus des Gebäudes, in dem sich mein Atelier befand. Er machte mich überhaupt erst auf das Atelier in St. Pauli aufmerksam. Für die Ausstellung in der Gnadenkirche stieg ich damals in die Kuppel in schwindelerregender Höhe, um dort die Seile für meine fünf Meter hohen Rollbilder zu befestigen. „Wort und Zeichen frei im Raum" hieß die Ausstellung und der Name war Programm. Unser Arbeiten schwebten in der Kirche. Ich nutzte damals die Chance und ließ Hannes unter einer meiner Arbeiten taufen. So hatte die Taufe einen ganz persönlichen Rahmen. Meine Bilder erkannte Hannes sofort und staunte ganz schön. Für die Taufe transportieren wir sogar extra Flusswasser aus der Este in einem Bottich in die Kirche. Ich bin keine Kirchgängerin und fühle mich dem christlichen Glauben nicht besonders nah. Hannes ließ ich trotzdem taufen. An etwas Göttliches glaube ich durchaus und ich bin selbst christlich aufgewachsen. Meine Oma war sehr fromm und las jeden Tag Verse aus der Bibel vor. Geschadet hat es mir nicht, auch wenn ich mich schon seit langem als Shintoistin sehe. Ich glaube an die Kraft der Natur. Ich gehe davon aus, dass die Göttlichkeit in der Natur selbst steckt. Ich strebe danach, eine Balance im Leben zu finden, ein Mittelmaß. Und das habe ich für mich geschafft. Was nicht heißt, dass ich nicht aus dieser Balance gebracht werden kann. Menschen, die mich ärgern, schaffen das regelmäßig.

## DIE KUNSTTREPPE

Wut empfand ich in den intensiven Jahren in meinem Hamburger Atelier selten. Ich war ganz bei mir, genoss die harte Arbeit, meine Zeit mit Hannes und das unkomplizierte und freundschaftliche Miteinander mit den anderen Künstlern. Irgendjemand plante immer irgendwas und dachte auch an die anderen. Ich arbeitete am „Luna Luna“ mit - einem einmaligen, wilden Kunstfest im Jahr 1987, über das noch lange gesprochen wurde.

# ERINNERUNG AN LUNA LUNA

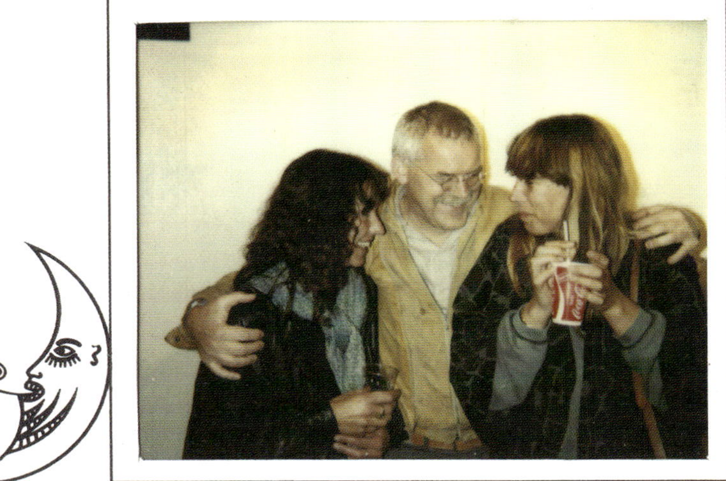

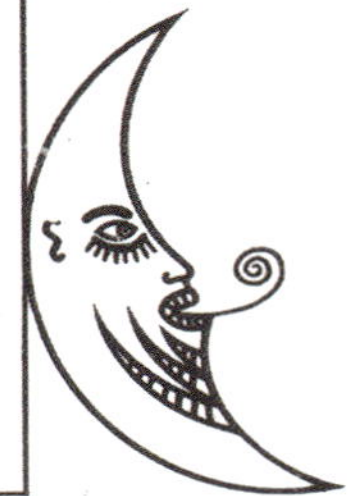

Einmal schöpfte ich an der Seite des Künstlers Wolfgang Fink in einer Halle riesige Papierbögen. So groß, wie es überhaupt möglich ist. Es war auch eine Zeit, in der Künstler in Hamburg eine große Wertschätzung erfuhren. Besonders viel für junge und talentierte Künstler in Hamburg bewegte der Journalist Paul Theodor Hoffmann. Er war Kulturredakteur beim Hamburg Abendblatt und guter Freund von mir. Er gründete die Hamburger Kunsttreppe und gab dem Nachwuchs damit die Möglichkeit, Bilder im Hanseviertel auszustellen.

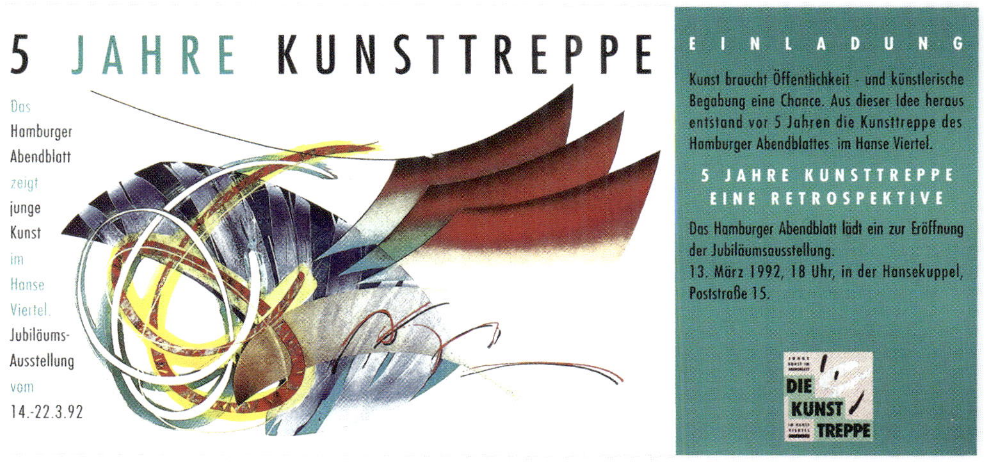


Ich wurde auch regelmäßig zu offiziellen Veranstaltungen der Stadt Hamburg eingeladen. Ich erinnere mich an einem Abend in Rathaus, Bürgermeister Klose hatte mir ein Schreiben geschickt. Ich trug eine schöne, traditionelle Jacke von meiner Oma aus dem Alten Land. Das fiel der berühmten Hamburger Schauspielerin Elisabeth Flickenschildt auf. Sie hatte damals selbst ein Anwesen im Alten Land und sprach mich begeistert auf die Jacke an. Auch nach Kopenhagen lud man mich einmal ein. Es war eine Veranstaltungen zu Ehren Ihrer Majestät Königin Margharete und seiner königlichen Hoheit der Prinz Hendrick von Dänemark, bei dem ein Ballett von John Neumeier zur Aufführung kam. Ich wohnte bei einem Diplomaten, mit dessen Auto wir überall hinfahren und mit dem wir überall parken durften. Das imponierte mir, so ein Diplomatenauto ist schon etwas Faszinierendes.

## HEIDI MEYER, DIE TERRORISTIN?

Politisch waren die 70er und 80er Jahre eine heiße Zeit, es gab die Studentenbewegung und die RAF-Terroristen. Beide ragten tief in die Künstlerszene in Hamburg hinein. Ich bekam viel mit, hielt mich aber aus dem Geschehen heraus. Trotzdem geriet ich eines Tages ins Visier der RAF-Fahnder. Als ich einmal auf dem Weg nach Paris wie üblich bei meinem Freund Jörg Heidemann bei Münster einen Zwischenstopp einlegte, folgte mir ein Polizeiwagen auf den Hof. Die Beamten waren auf alles gefasst, das merkte ich. Es war eine angespannte Situation, in der ich lieber keine falsche Bewegung machte. Das Ganze klärte sich dann auf. Die Beamten waren auf der Suche nach der gewalttätigen RAF-Terroristin Inge Viett gewesen, die mir damals wirklich zum Verwechseln ähnlich sah und ebenfalls Kontakte in Paris pflegte.

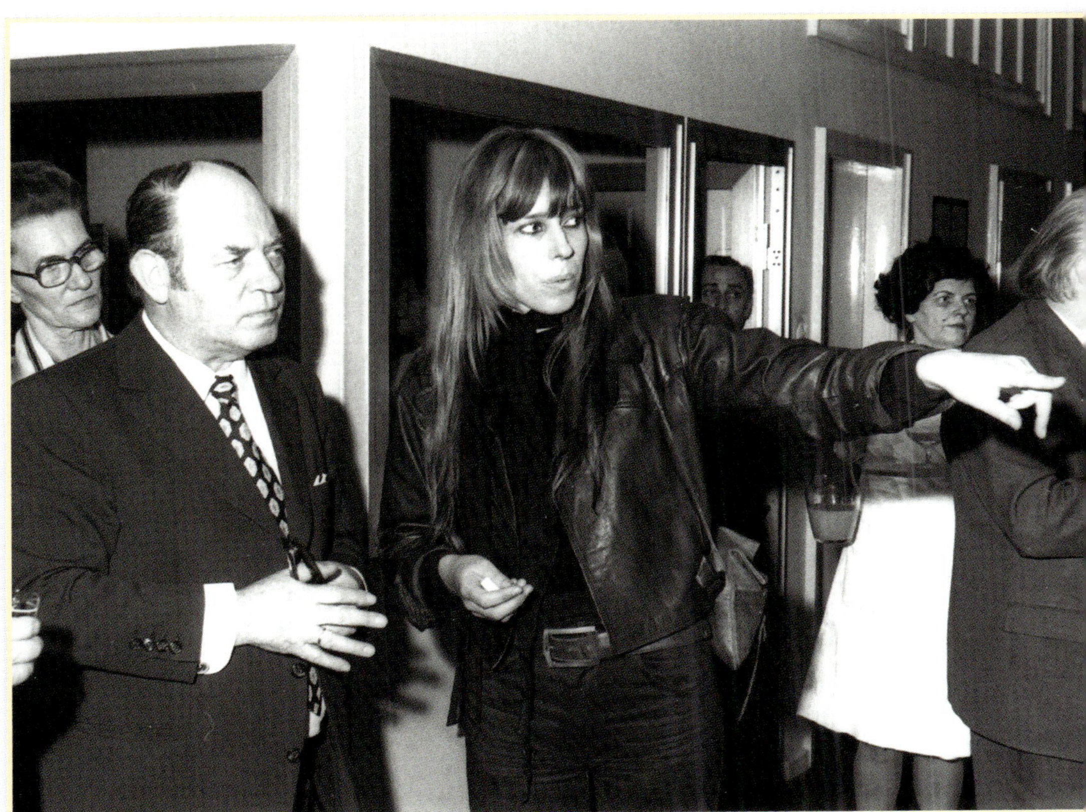

# VATER-TOCHTER-GESPRÄCHE AM KAMIN

Einmal im Jahr kam mein Vater zur mir ins Atelier. „Ich weiß nicht so richtig, aber ich glaube, das ist ganz gut", sagte er einmal zu meinen Arbeiten. Er war kein Kunstkenner, doch eine künstlerische Ader hatte er durchaus. Irgendwann entdeckte er die Bildhauerei für sich und machte in der Garage Holzskulpturen. Wenn er mich in Hamburg besuchte, gingen wir meistens Muscheln essen, denn die gab es in Buxtehude nicht. Oder wir gingen einkaufen. Einmal spendierte er mir eine sündhaft teure Jacke von Yves Saint Laurent. Deutlich häufiger besuchte ich ihn im Gegenzug in Buxtehude. Meine Eltern hatten in der Zwischenzeit ein Haus im Zeisigweg bezogen. Dort saß mein Vater in seinem Sessel, im Kamin loderte das Feuer. Er war ein ruhiger Mann, aber nie um eine Diskussion verlegen. Wir führten immer gute Gespräche. Häufig überraschte er mich und meine Begleiter mit einem Perspektivwechsel oder provozierte mit einer spitzen Gegenposition. Er gab dabei nie vor, endgültige Antworten zu kennen. Die gibt es nicht, warum sollte man dann so tun?

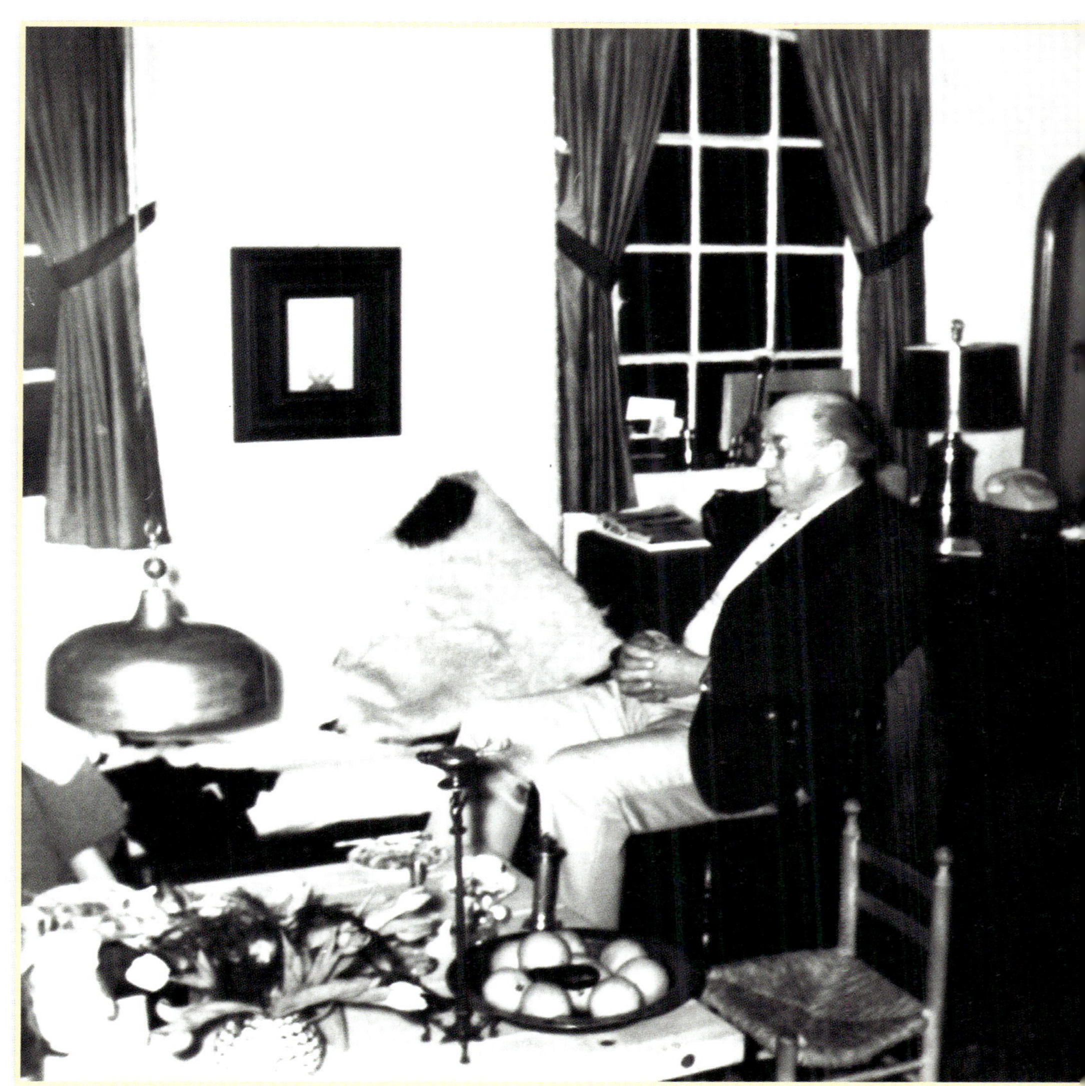

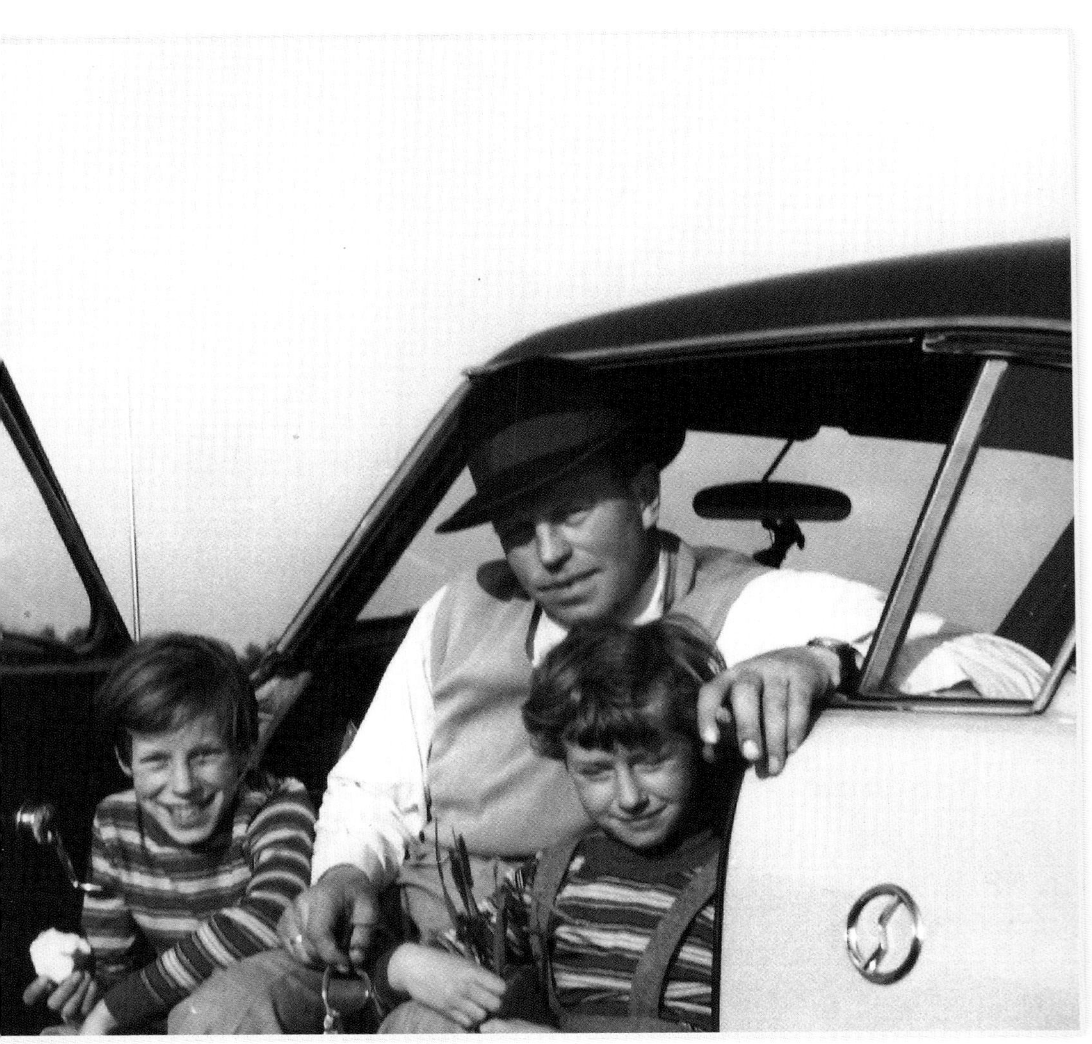

# DER FALSCHE ABSCHIED

Mein Vater war mein Fels in der Brandung. Ich erinnere mich deutlich an die Fußspuren, die die Männer im Schnee hinterließen, als sie seinen Sarg zum Grab trugen. Es war Heiligabend, als er starb. Bei seinem Begräbnis tobte ein Schneegestöber. Der Abschied von meinem Vater fiel mir nicht leicht, ich hatte eine riesige Wut in mir. Ich war völlig durch den Wind, schrie und ärgerte mich über meine Mutter und meine ganze Familie. Für meinen Vater, diesen besonderen Mann, hatte ich mir einen besonderen Abschied gewünscht. In anderen Ländern feiern die Angehörigen die Toten, veranstalten große Feste. Wir hatten eine dieser kühlen Beerdigungen. Ich wünschte, ich hätte eine andere Erinnerung an unseren Abschied. Mein Freund Dieter weiß schon Bescheid, dass ich nicht zu seiner Beerdigung gehen würde. So möchte ich niemanden in Erinnerung behalten, der mir wichtig ist.

Das Gute ist: An positiven Erinnerungen an meinen Vater mangelt es nicht. Und so scheint es nicht nur mir zu gehen. Jedenfalls höre ich immer wieder tolle Geschichten von ihm. Zum Beispiel, dass er nach dem Krieg viele Flüchtlinge aufnahm, allen gut zu essen gab. Als einer der ersten Arbeitgeber in Buxtehude beschäftigte er einen Afrikaner in seinem Betrieb. Sie nannten ihn Siggi, als Kind war ich von seinen bunten Gewändern fasziniert. Mein Vater gönnte sich aber auch seinen Luxus. Er reiste gern und war ein leidenschaftlicher Autofahrer. Die tollsten Wagen hatte er in der Garage stehen, dafür war er bekannt in der Stadt. Einen Chevrolet, einen Studebaker, einen Mercedes-Benz 190 SL - in der Hinsicht war er ein kleiner Angeber. Lange bevor es üblich war, drehte er Familienvideos auf 16mm-Film. Deswegen gibt es Aufnahmen von mir als Kleinkind. Ein Film zeigt, wie ich ein genähtes Pferd in den Händen halte.

An all das und viel mehr denke ich, wenn ich unser Familiengrab auf dem Friedhof an der Ferdinandstraße besuche. Dort liegen sie alle: Oma und Opa, mein viel zu früh verstorbener Bruder, meine Eltern. Den Friedhofswärter fragte ich einmal, wie sie dort genau positioniert sind. Damit auch weiß, wie ich selbst liegen muss, wenn ich das Zeitliche segne. Das mag mancher makaber finden. Aber ich habe ein ganz geradliniges Verhältnis zum Tod: Wenn wir weg sind, sind wir weg. An Himmel und Hölle oder ein nächstes Leben mag ich nicht glauben. Anderseits bin mir auch sicher, dass Energie niemals verloren geht. Als mein Vater starb, legte ich ein letztes Mal meine Hand auf ihn. Da war er schon tot. Doch ich spürte eine Energie, die auf mich überging. Ich kann nicht erklären, wie das funktioniert und was es genau bedeutet, aber ich fühlte ganz deutlich eine Wärme und einen Austausch. Es war spannend und nicht so unheimlich, wie es sich vielleicht anhört.

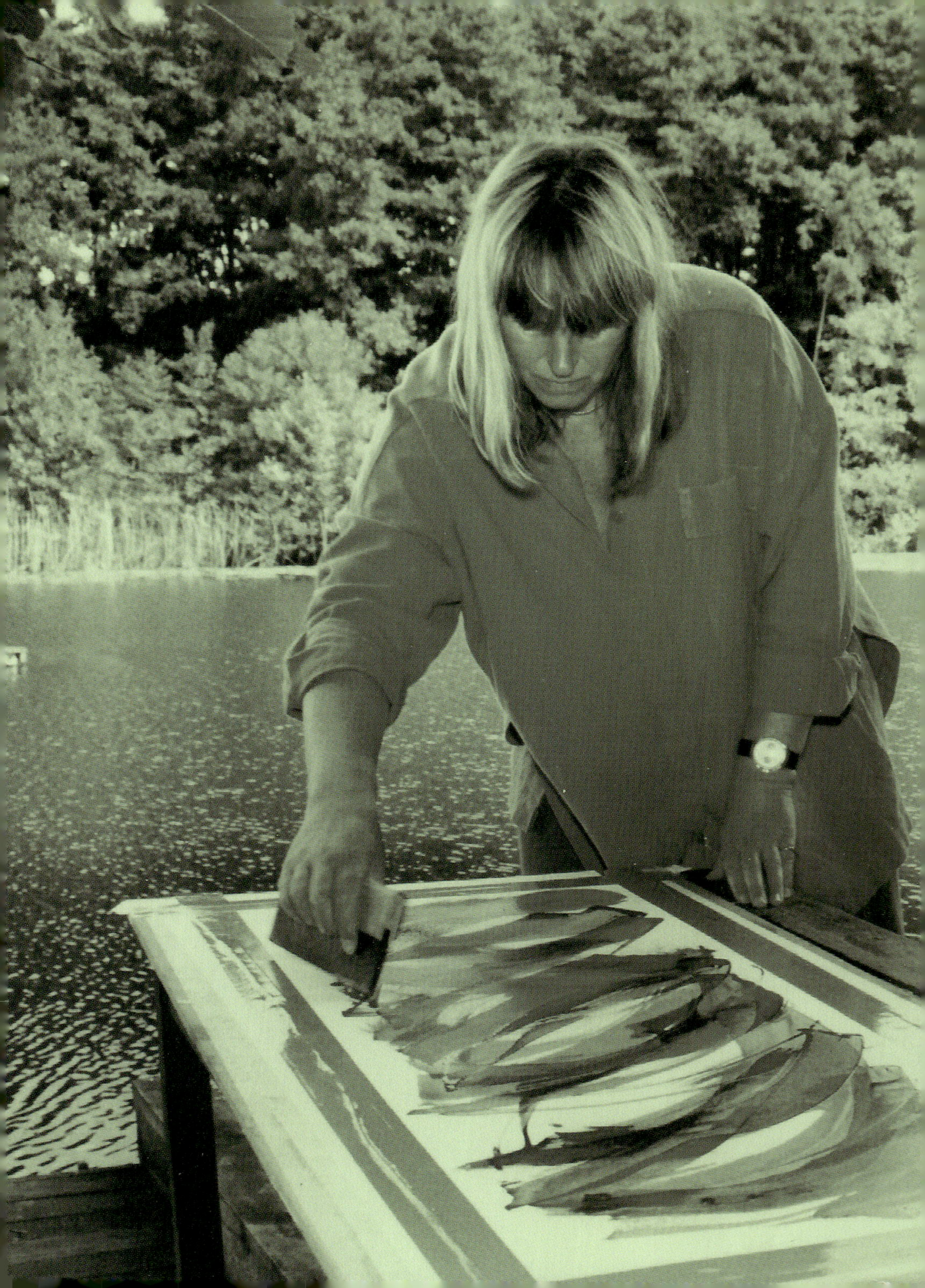

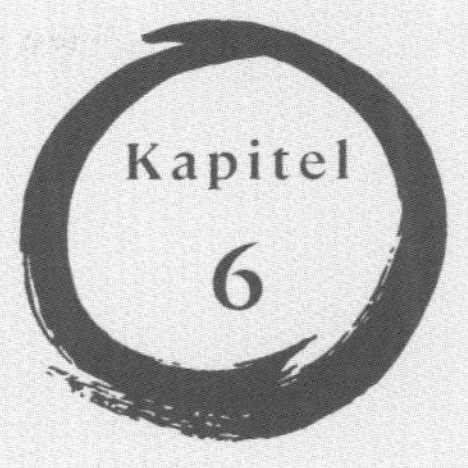


# Heile Welt im Grünen

## WIE DAS LETZTE PARADIES KAM UND GING

**ZEIT:** *Um die 90er Jahre*

**ORTE:** *Naturschutzgebiet bei Winsen*

**WER WAR WICHTIG?** *Meine Schülerinnen, Hannes, ein Honorarkonsul*

**WORUM GEHT ES?** *Rückzug, Natur, eine Vision, das Jagdhaus, Verlust*

---

Als ich im Jahr 1974 in Paris lebte, hatte ich einen langen und intensiven Traum. Im Schlaf sah ich ein Haus im Grünen, abgeschieden und ruhig, umgeben von Wasser und Bäumen. Ein weltloser Ort, ein echtes Paradies. Es war eine Vision, denn auf eigenartige Weise war mir klar, dass ich diesen Ort einmal finden würde. Er war auf einem Stück Land an der Elbe bei Winsen versteckt. Meine Kunstschülerinnen entdeckten ihn und dachten sofort an mich.

Noch an dem Tag, an dem ich das Häuschen und das umliegende Gelände mit Hannes besichtigte, übernachteten wir dort. So verzaubert waren wir von der verwunschenen Natur. Wir hatten nur Decken und eine Kiste Wasser dabei und machten uns ein Feuer im Kamin. Alles war genauso wie in meinem Traum. Das kleine Gebäude konnte ich kaufen, das Grundstück pachten. Der Eigentümer war zunächst skeptisch, wusste nicht genau, ob eine Künstlerin wie ich ihn überhaupt bezahlen konnte. Aber als ich einen „Wunderlich" an seiner Wand entdeckte und im erzählte, dass ich Bilder von Paul Wunderlich in meinem kleinen 2CV von Paris nach Hamburg transportiert hatte, war das Eis gebrochen. Gemeinsam mit Hannes verbrachte ich dort viele Jahre lang meine Wochenenden und seine Ferien.

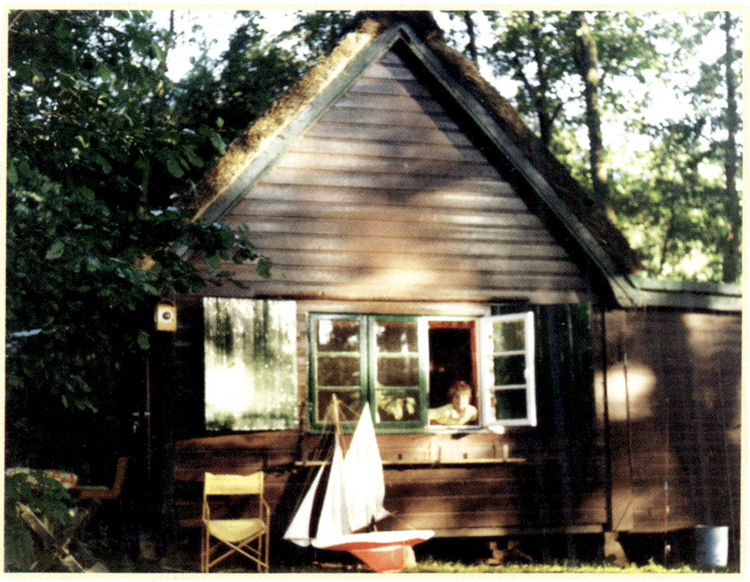

Im grünen Paradies gab es keinen Strom, keine Heizung und kein fließendes Wasser. Licht machten wir uns mit Petroleumlampen, im Kamin flackerte eigentlich immer ein Feuer.

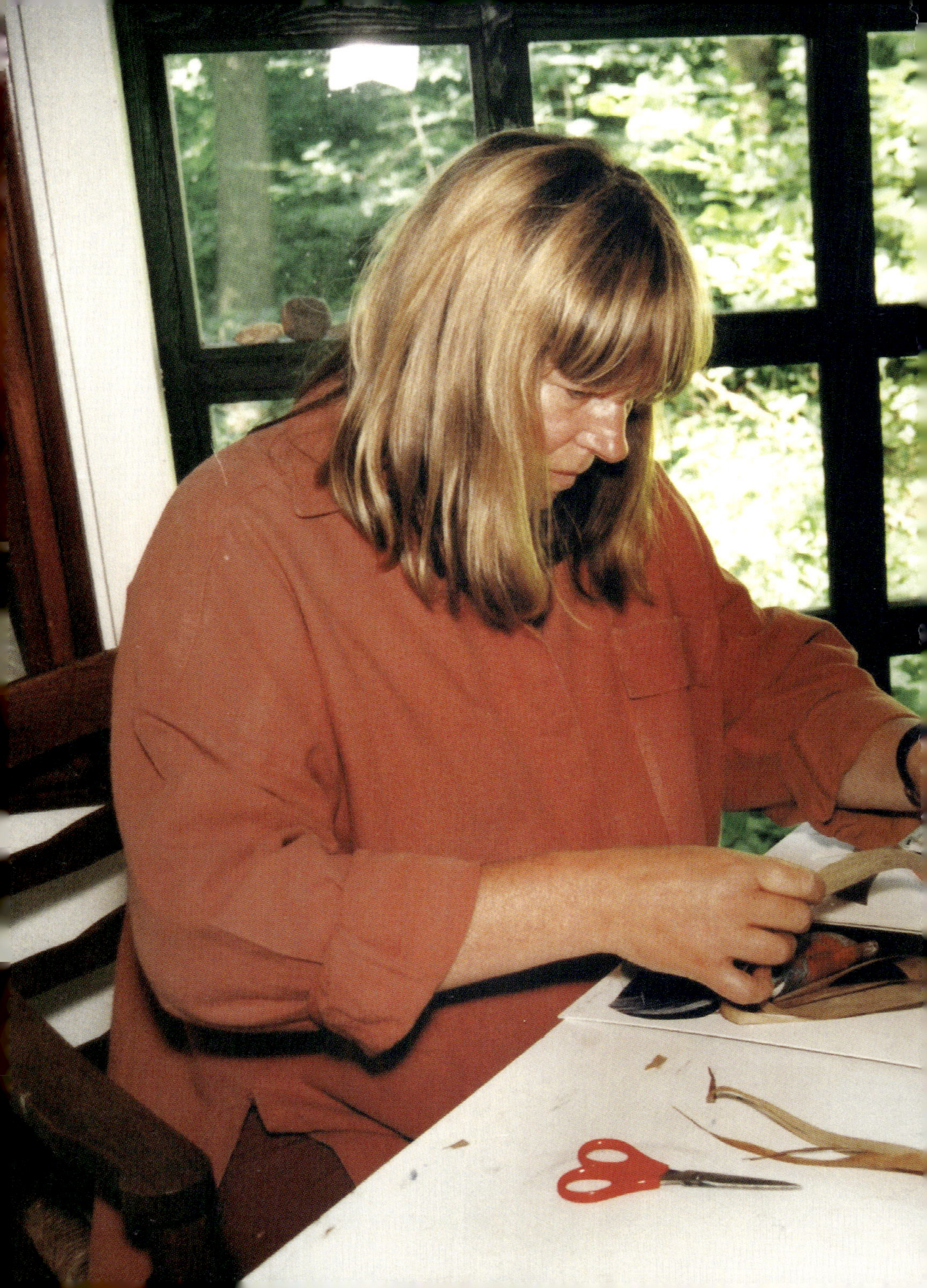

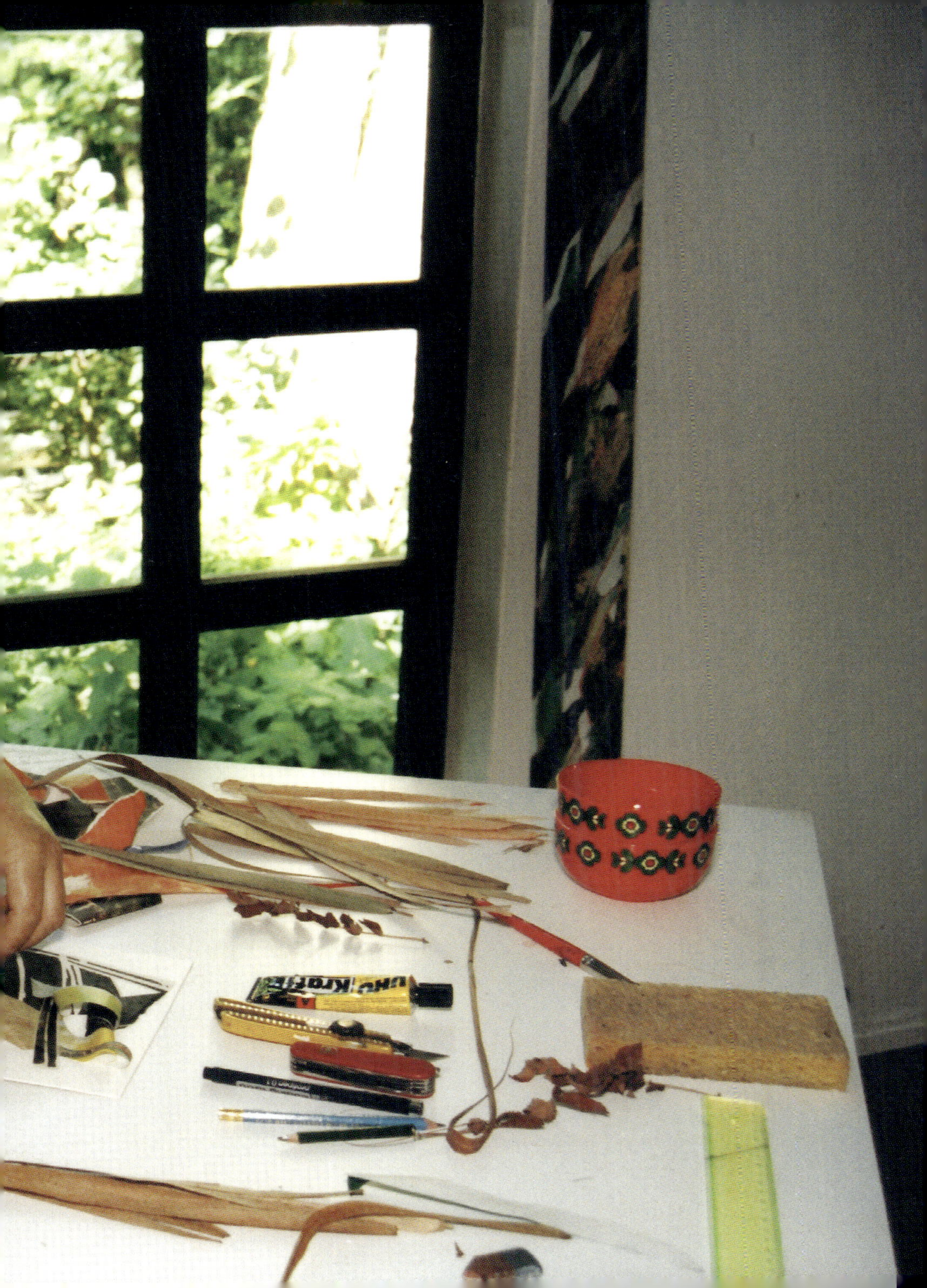
UHU Kraft

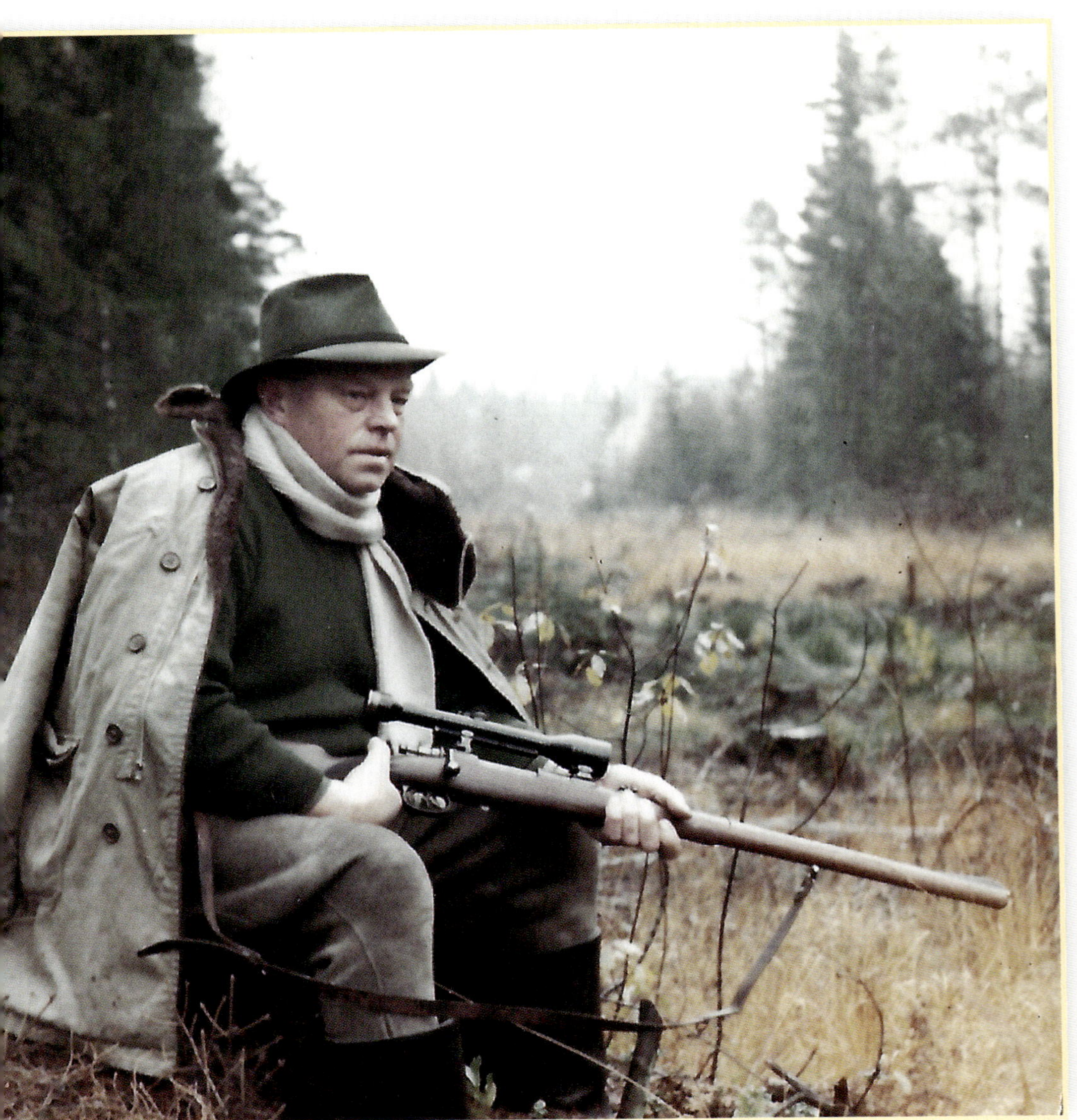

# DIE JAGDHÜTTE

Meine Sehnsucht nach Rückzug in die Natur muss aus der Zeit kommen, in der ich als Mädchen mit meinem Vater auf die Jagd ging. Mit dem nötigen Abstand betrachtet war das Häuschen im Grünen eigentlich ein genaues Abbild der Jagdhütte meines Vaters. Bei den stundenlangen Ausflügen im Wald mit ihm hatte ich das erste Mal festgestellt, dass sich in der Natur eine andere Wahrnehmung einstellt. Der Blick geht in die Breite, wie ein Weitwinkelobjektiv einer Kamera. Und man richtet seine Aufmerksamkeit auf jede erdenkliche Kleinigkeit, fühlt die Umgebung im Ganzen. Das hat mich an der Jagd immer fasziniert. Deswegen gefiel es mir, um 3 Uhr oder 4 Uhr morgens im Jagdhaus aufzustehen und anzusitzen, obwohl mir die Tiere Leid taten. In dem Jagdhaus, das tief im Wald bei Wesel versteckt war, hielt ich mich in jungen Jahren auch gern allein auf, um an meinen Bildern zu arbeiten. Nur begleitet von unserem Hund.

Angst in der Abgeschiedenheit hatte ich nie. Der Bauer, den Hannes und ich an den Wochenenden manchmal trafen, konnte das gar nicht verstehen. „Mensch, die Heidi Meyer ganz alleine da draußen", sagte er immer kopfschüttelnd. Aber ich hatte kein Problem damit. Denn ich hätte mich gut wehren können. In dem Häuschen lag eine Luftpistole parat. Ich war eine gute Schützin, mein Vater brachte mir früh bei, mit dem Luftgewehr zu schießen. Ein Einbrecher hätte sich gewundert, wie gut sich eine „harmlose" Malerin zur Wehr setzen kann. Was ich den Feuerwaffen aber immer vorziehe, ist der Bogen. Einige Jahre betrieb ich intensiv das traditionelle japanische Bogenschießen Kyudo. Kyudo ist eine tolle Möglichkeit, Körper und Geist zu fokussieren. Es geht dabei um viel mehr, als einen Pfeil auf eine Scheibe zu schießen. Anders als beim westlichen Bogenschießen gibt es beim Kyudo eine Zeremonie, einen Ritus mit festen Abläufen. Eine genaue Schrittfolge muss eingehalten und der exakte Moment getroffen werden, in dem der Schuss abgefeuert wird. Mir fehlte leider die Zeit, um diesen faszinierenden Sport weiterzubetreiben.

Das Häuschen im Grünen konnte ich irgendwann nicht mehr halten. Das Strohdach hätte neu eingedeckt werden müssen, das überstieg damals meine finanziellen Möglichkeiten. Außerdem hatte ich zu viel mit der Immobilie in Buxtehude zu tun – dazu komme ich später noch. „Das letzte Paradies zu verkaufen", so annoncierte ich es damals in der „Zeit". Ein Honorarkonsul meldete sich und registrierte sofort die besondere die Lage dort mitten im Naturschutzgebiet.

Der letzte Tag in meinem Häuschen war schrecklich. Heute steht dort ein schickes Haus, die Bäume wurden abgeholzt. Der Mann, dem ich das Häuschen verkaufte, verriet mein Paradies für immer. Die moderne Immobilie und die gestutzte Wildnis vermietete er eine Zeit lang für Fotosessions. In meinen Augen hat der Mann einen heiligen Ort entweiht.

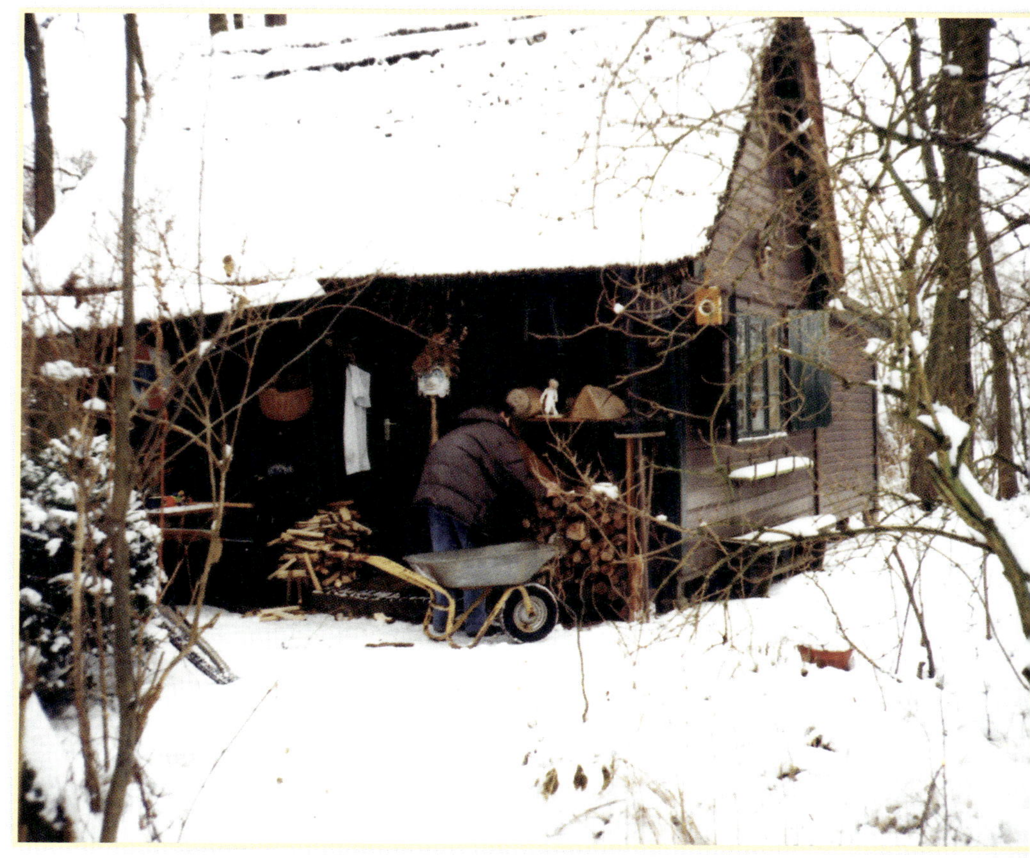

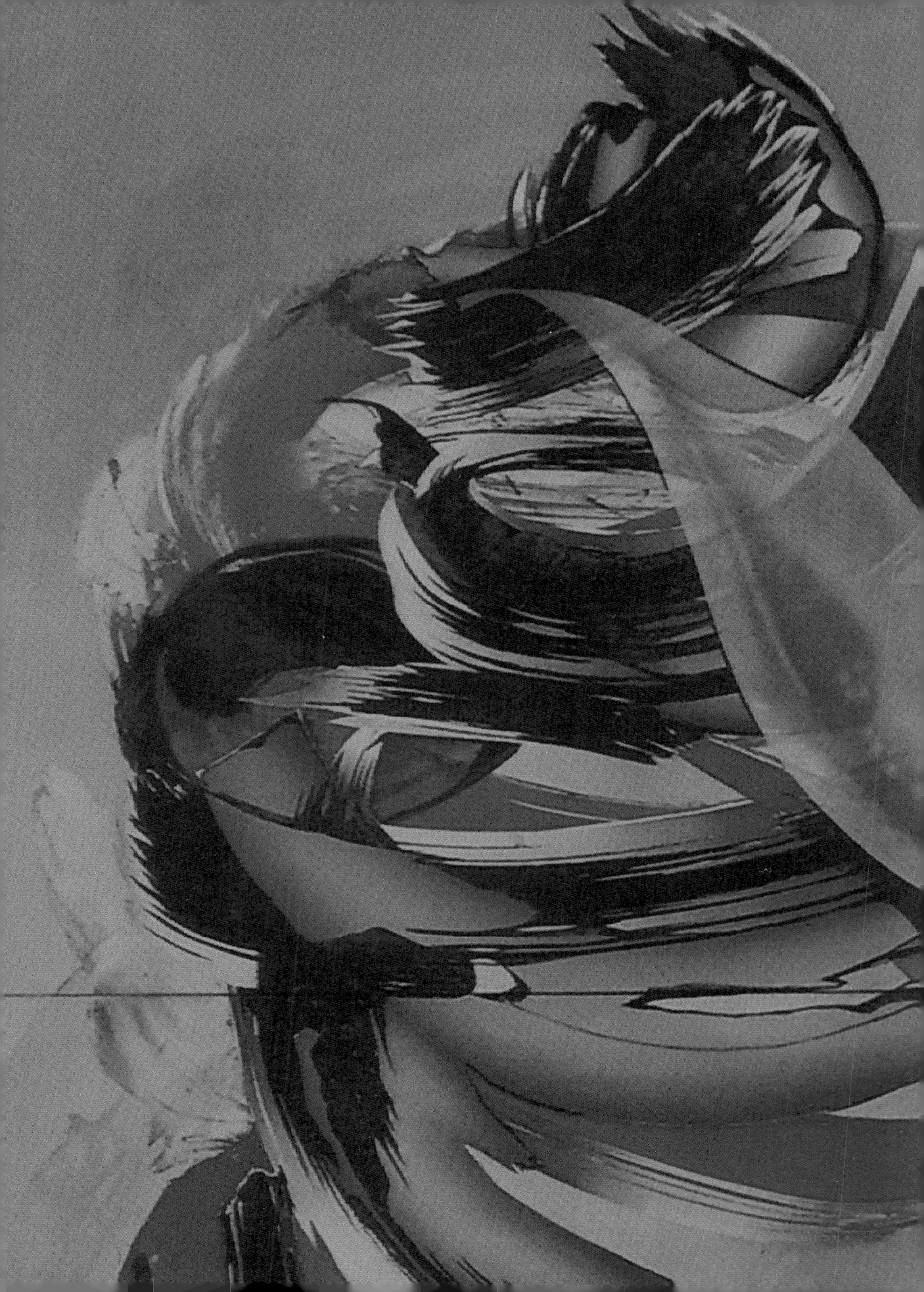

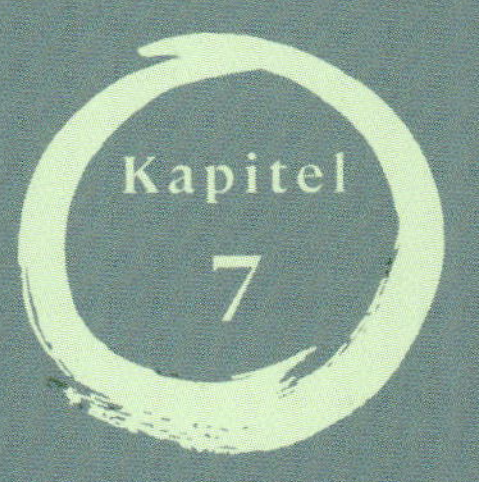


# Meine Kunst

## WENN ICH NICHT MALE, STERBE ICH

**ZEIT:** *Übergreifend*

**ORTE:** *Hamburg und die Welt, Fachhochschule Hamburg, MS Europa*

**WER WAR WICHTIG?** *Schüler und Studenten*

**WORUM GEHT ES?** *Meine innere Balance, meine Technik, unverhoffte Lehrtätigkeit, Kunst auf hoher See*

---

Niemand darf in meiner Nähe sein, wenn ich arbeite. Das Papier auf den Rahmen spannen, die Farben anmischen, meine schwungvollen Bögen mit dem Pinsel aufbringen – für all das brauche ich absolute Ruhe.

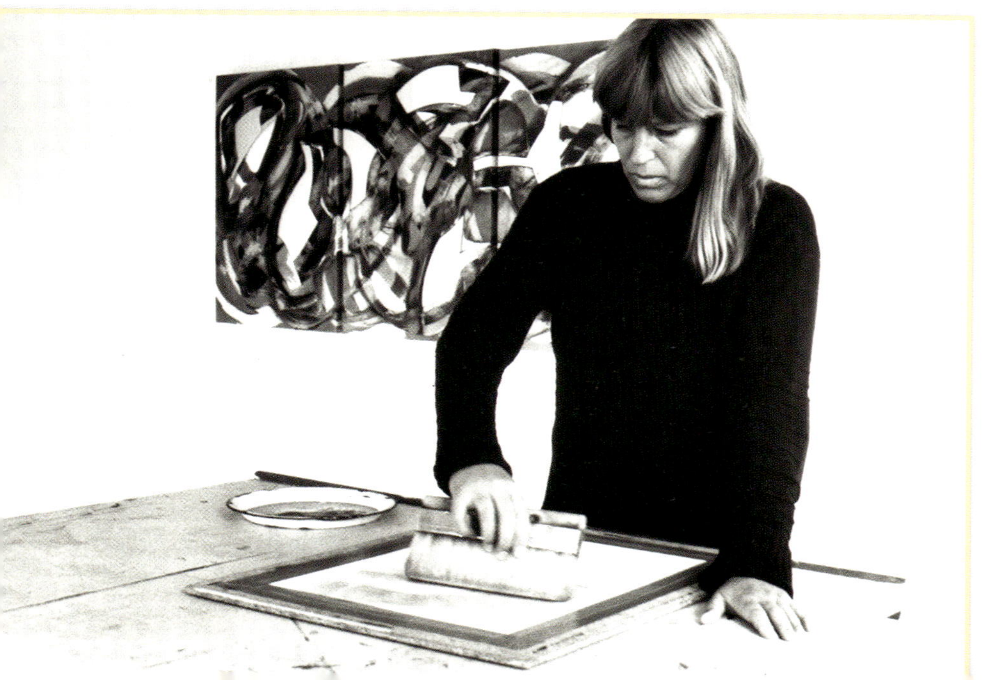

Denn ich muss beim Malen in einen meditativen Zustand gleiten. Was dann um mich herum passiert, ist nicht mehr von Belang, weil ich in diesen Momenten ganz bei mir bin.

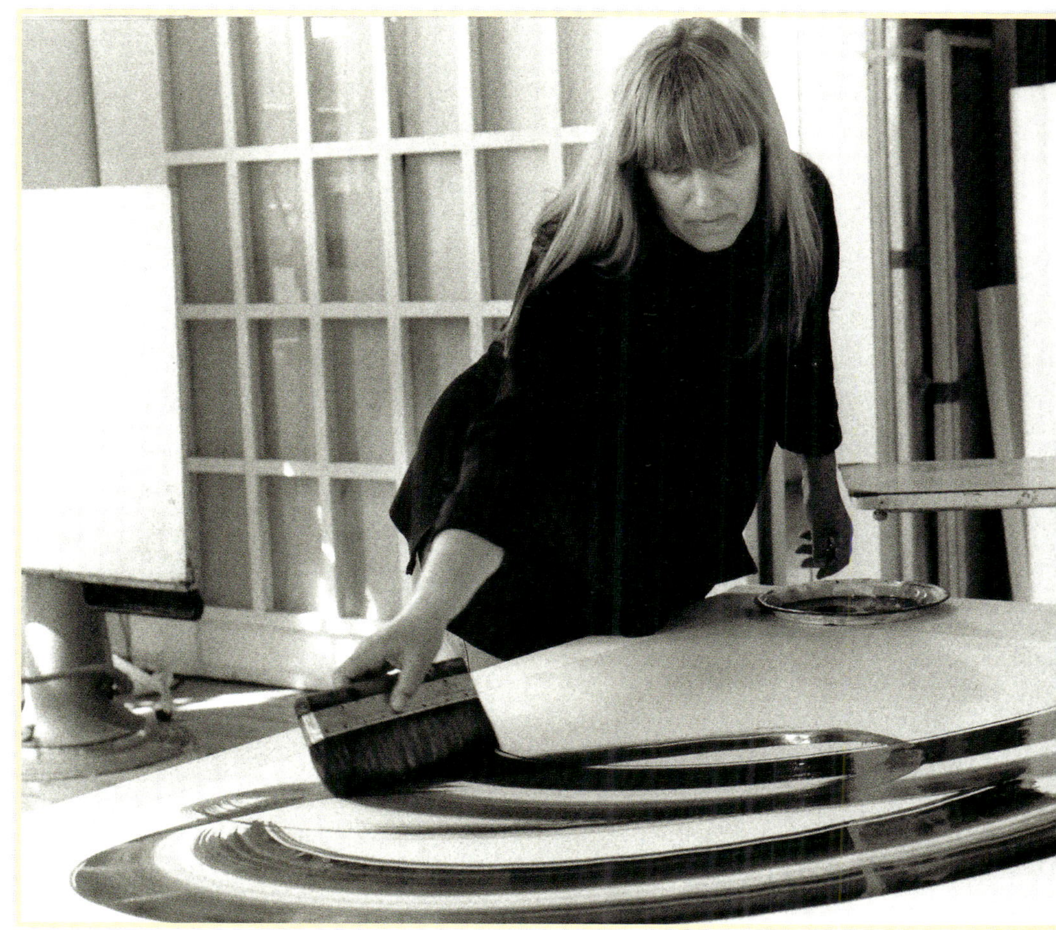

Ich konnte immer gut auch außerhalb meines Ateliers arbeiten. Voraussetzung war, dass meine Gedanken frei sind und ich mich wohlfühle. Damit meine ich nicht Gemütlichkeit. Im Haus meiner Eltern im Zeisigweg in Buxtehude stellte ich zum Beispiel meine Böcke auf den Kacheln des leeren Swimmingpools auf. Hauptsache, ich fand meine innere Balance. Ein Zustand, den ich früh suchte und nur in der freien Kunst fand. Das wird mir besonders klar, wenn ich nicht arbeiten kann, weil eine Krankheit oder andere Umstände mich davon abhalten. Dann packt mich eine starke Unruhe, die ich nur mit festen Ritualen in den Griff kriege. Meine Frühstückszeremonie. Der Weg zum Wochenmarkt, im Winter wie im Sommer, ob es regnet oder schneit. Oder die konzentrierte Zubereitung meiner Mahlzeiten. Diese Dinge halten mich in der Spur. Seit mich ein starkes Schwindelgefühl am Malen hindert und mir zusätzlich die Corona-Pandemie - die tobt, während ich diese Zeilen schreibe - mit den Lockdowns, Ladenschließungen und Einschränkungen die Struktur raubt, fühle ich mich häufig verloren, eingesperrt und geistig eingeengt. Die Kunst ist ein so großer Teil von mir, dass es sich so anfühlt, als würde ich langsam sterben, wenn ich nicht male. Kreative Zuflucht bot mir die Arbeit an diesem Buch. Und so sind die Zeilen dieser Memoiren auch eine Bewältigungsstrategie, um in der Krisenzeit meinen Geist wach zu halten.

Es ist nicht so, dass ich des Lebens müde werde. Wie ich schon erwähnte, musste ich viele meiner Künstlerkolleginnen und -kollegen gehen sehen. Besonders mit dem Alter kommen einige schlecht zurecht. Sie fallen in ein Loch, weil ein intensiver Lebensabschnitt endet und die Zeit voller Arbeitseifer, Ausstellungen und Begegnungen vorüber ist. Baudelaire hat diese Unlust am Dasein schon in den „Blumen des Bösen" beschrieben. Auch ich kenne Tiefs und schlechte Phasen. Mich plagten Liebeskummer und andere Sorgen. Was mich immer rettete, war meine Neugierde. Ich zehre von Gesprächen und Begegnungen besonders mit jungen Menschen, die nach vorne blicken und neue Ideen haben. Das war auch immer meine Philosophie, mit der ich erst jetzt - für diesen Rückblick auf mein Leben - erlaube zu brechen.

## MEIN BETRIEBSGEHEIMNIS

So offen ich mit meiner Gedankenwelt und meinen Ansichten umgehe, so verschlossen bin in Hinsicht auf meine Maltechnik. Sie ist mein Geschäfts- und

-betriebsgeheimnis, das ich um jeden Preis hüte. Mein Vater behielt für sich, wie er seinen Katenschinken räucherte - und ich verrate nicht, wie ich meine Bilder male. Auch nicht meinen Bewunderern, nicht den Journalisten und schon gar nicht meinen Schülerinnen. Trotzdem möchte ich noch ein paar Worte über meine Kunst verlieren. Malerei ist in meinen Augen eine sehr sinnliche, sogar erotische Angelegenheit. Ich bin mir sicher, dass viele Künstler aus diesem Grund ohne Partner leben. Sie finden in ihrer Arbeit eine tiefgehende Befriedigung, für etwas anderes ist kein Platz.

Bevor ich mit einem Bild beginne, denke ich mich in die leere Fläche hinein, bin dann ganz bei mir. In diesem Moment weiß ich nicht, was ich darstellen will. Skizzen mache ich mir gelegentlich, aber meine Bilder entstehen letztlich im Moment, ohne einen festen Plan. Welche Formen dort entstehen und was ich damit ausdrücken will, erkenne ich erst im Nachhinein, viele Jahre später. Ich weiß mittlerweile, dass zwei zentrale persönliche Motive hinter meiner Arbeit stecken: Ich male entweder, um Erfahrungen aus meinen Leben zu verarbeiten - oder ich greife zum Pinsel, um mich auf eine neue Herausforderung vorzubereiten. Meine Arbeit gab mir nämlich immer viel Kraft. Alleine mit einem kleinen Kind nach Japan zu gehen, hätte ich zum Beispiel nicht geschafft, ohne vorher ausreichend Kraft zu tanken.

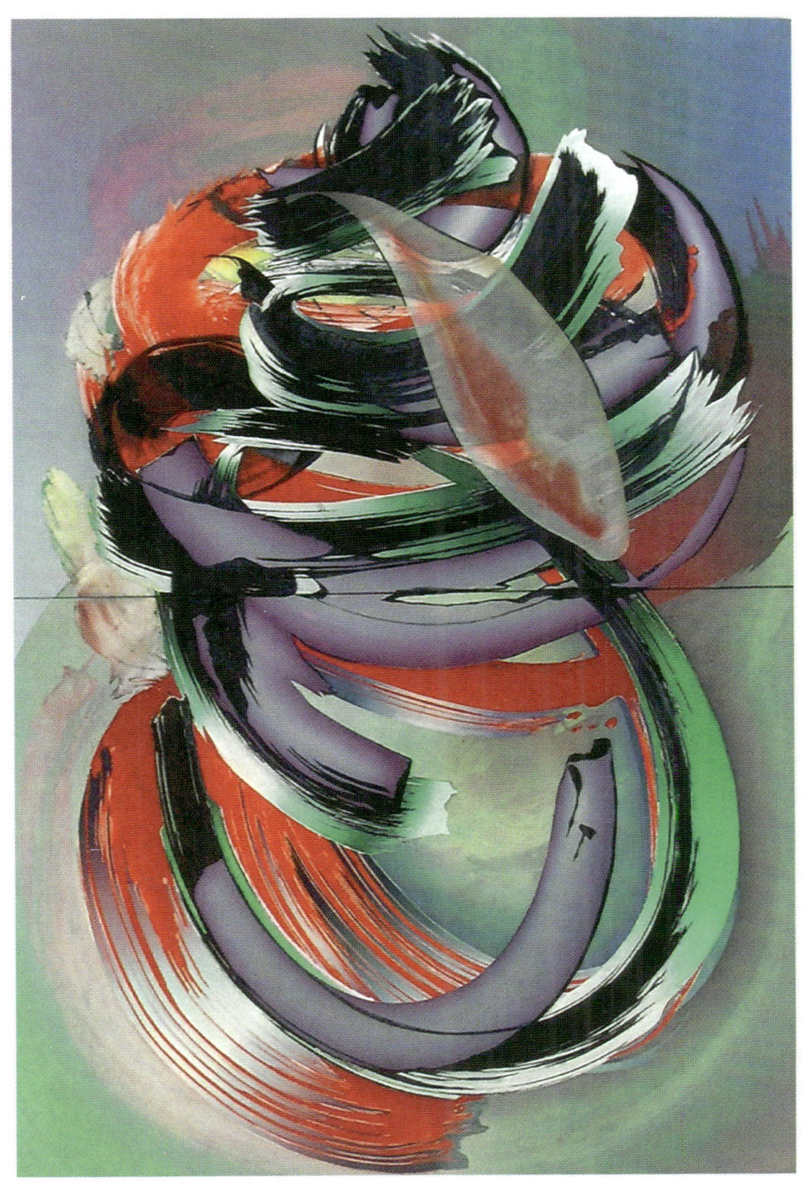

# DIE LINIE

Seit vielen Jahren stehen Linien, geschwungene Bögen und Formen im Vordergrund meiner Bilder. Die Linie ist mein zentrales Stilmittel, sie zieht sich durch mein gesamtes Werk. Harte oder weiche Linien geben verschiedene Bewegungen und Stimmungen an. Und so betrachte ich meine Motive als eine Art universelle Sprache, die - ohne eindeutige Zeichen - mit dem Pinsel geschrieben ist. Eine Kommunikationsform, aus der jeder für sich etwas herauslesen kann. Meine geschwungenen Formen lassen sich auch als visuelle Musikstücke beschreiben, die sich intuitiv erfassen lassen, ohne dass er Betrachter eine Notenschrift beherrschen muss. Auf den Notenlinien lassen sich gewissermaßen Gefühle ablesen. Weich oder hart, mit kurzen oder langen Absätzen. Selten erscheinen in meinen Arbeiten noch konkrete Motive. Eines davon ist der Fisch. Er tauchte nach dem Kauf meines Häuschens am Wasser auf und blieb.

Ausgehend von einem Phantastischen und Konstruktiven Realismus der Wiener Schule bewegte ich mich über die Jahre vom Gegenständlichen fort und entwickelte meine eigene Ausdrucksweise. Wie jeder gute Künstler fing ich also realistisch an und entfaltete mit der Zeit meinen eigenen Stil. Das Verhältnis von Technik und Mensch beschäftigte mich zu Beginn meiner Karriere intensiv. In meinen frühen Bilder integrierte ich Motive von Fotografien und entwickelte sie weiter. Dazu gaben mir zwei Semester Impulse, in denen ich mit der Malerei pausierte, um Fotografie zu studieren.

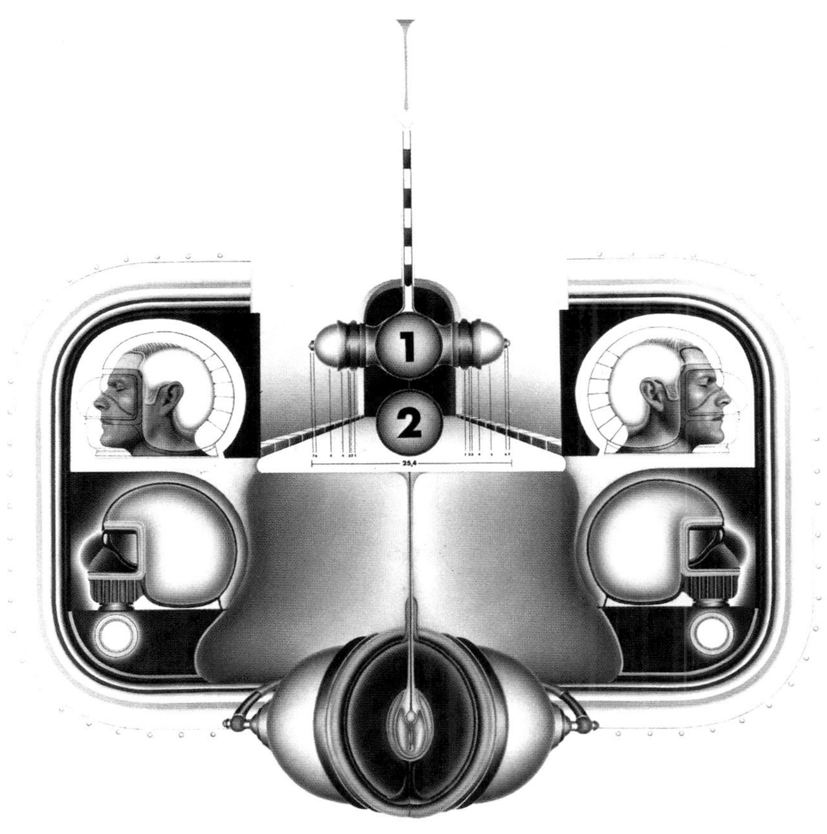

# EINE KÜNSTLERIN HEBT AB

Zu meinen zentralen Leitgedanken zähle ich die Endlosigkeit, das Unklare, das Mystische. Schriftsteller und Denker waren immer eine wichtige Inspiration für mich, auch wenn sich meine Arbeiten keinen konkreten philosophischen oder gesellschaftlichen Themen widmen. Eine einseitige, platonische Liebe verband mich mit dem Philosophen Ernst Bloch. Ein kluger Geist, der sich im Alter leider verlor. Von ihm stammt ein Satz, den ich gerne zitiere: „Wenn die Welt einstürzt, werden die Trümmer einen Unerschrockenen treffen.“ Von Blochs Tod erfuhr ich, als ich gerade in Paris lebte. Die Todesnachricht nahm mich wirklich mit. Ich hatte ihn nicht persönlich kennengelernt, vermisste ihn aber wie einen Seelenverwandten. Heute schätze ich besonders den japanischen Autor Haruki Marakami. Seine Romane haben einen Hang zum Mystischen, zur Endlosigkeit und Offenheit. Motive, die auch in meinen frühen Arbeiten stark hervortreten. Ich werde selbst nicht gern eingeengt und vermeide deshalb beim Malen feste Grenzen oder einen eindeutigen Anfang und ein eindeutiges Ende. So etwas wie einen Zustand der Unendlichkeit durfte ich einmal am eigenen Leib verspüren. Es war ein transzendentales Erlebnis: Ich sah die Erde, eine weit entfernte blaue Kugel im All. Ich schwebte im Universum und fühlte mich wohl. Spürte die Weite, die Schwerelosigkeit, die Leichtigkeit. Dann rief jemand, immer wieder, drang ein in die Unendlichkeit und versuchte mich herunterzuziehen. Aber ich wehrte mich, wollte nicht weg, wollte dort bleiben im Weltraum und die Erde beobachten. Irgendwann wachte ich wieder auf, erkannte allmählich das Behandlungszimmer meines Zahnarztes. Er hatte mir mit dem Lachgas einen ziemlichen Rausch verpasst.

## HEIDI MEYER, DIE DOZENTIN

Weil Kunst für mich immer ein intimer, selbstbezogener Akt war, kam mir nie in den Sinn, als Lehrerin zu arbeiten. Als ich Mitte der Achtzigerjahre an die Hochschule berufen wurde, war das eine riesige Überraschung für mich. Meine Arbeit hatte mittlerweile großen Anklang gefunden und ich sollte mein Wissen an die Studenten der damaligen Fachhochschule Hamburg in der Armgartstraße im Fachbereich Gestaltung weitergeben. Ich hatte vor dieser ungewohnten Aufgabe gehörigen Respekt, schließlich war ich dafür nicht ausgebildet worden. An meinem ersten Tag als Dozentin stand ich in einem leeren Raum und wartete vergeblich auf die Studenten. Das Seminar hatte längst begonnen und ich mit diesem Ausflug an die Hochschule gedanklich schon wieder abgeschlossen. „Dann eben nicht", dachte ich mir und machte mich auf den Weg nach Hause. Um dann zu bemerken, dass nebenan 40 junge Menschen auf mich warteten. Ich hatte mich schlicht im Raum geirrt.

Zu meiner eigenen Überraschung gefiel mir das Lehrerdasein richtig gut. Ich kam hervorragend mit den Studenten klar und merkte, wie gut es mir tut, mich mit jungen Leuten zu umgeben. Mitzubekommen, was sie interessiert. Mitzuerleben, wie lebendig und neugierig sie sind. Mir wurde klarer denn je, dass es die jungen Menschen sind, die eine neue Sprache und neue Formen entwickeln. Im Alter tendieren die Menschen zum Stillstand. Ich kann mich noch gut daran erinnern, wie vehement sich eine Verlagsmitarbeiterin gegen die Sprache einer Comic-Reihe wehrte, die Rowohlt in den Siebziger Jahren auf den Markt brachte. Mein Job war das Lettering der Sprachblasen. Das könne man doch nicht veröffentlichen, sagte die Frau entgeistert. Heute ist diese Comic-Sprache ganz normal, und die Formen werden wieder von jungen Menschen neu erfunden. Ich hoffe, dass ich diesen

Wandel auch im hohen Alter noch mitbekomme und mich daran erfreuen kann. „Ruhe auf Erden ist zufällige Hemmung der Materie", das hat Paul Klee gesagt und ich kann ihm da nur zustimmen. Vom Stillstand halte ich rein gar nichts.

## MEINE KUNSTSCHULE

Obwohl mir die Arbeit als Dozentin an der Hochschule viel Freude bereitete, entschied ich mich letztlich dagegen. Ich lehnte eine feste Stelle ab, denn ich hätte mich für mindestens drei Tage in der Woche dort verpflichten müssen. Meine eigene Arbeit war mir zu wichtig, als dass ich sie hätte vernachlässigen können. Die positiven Erfahrungen in der Armgartstraße führten aber dazu, dass ich später meine eigene Kunstschule in meinem Hamburger Atelier eröffnete. Meine erste eigene Schülerin nahm ich um 1990 auf, es folgten Dutzende über die Jahre. Es lief direkt richtig gut, die Schüler setzten sich auf Wartelisten, um an meinen Kursen teilzunehmen. Ich hatte nämlich eine Nische entdeckt: Ich half den jungen Leuten bei der Vorbereitung ihrer Bewerbungsmappen für das Studium und unterstütze sie dabei, ihre eigenen Ausdrucksformen zu finden. Ich war auch eine Art Auffanglager zwischen Elternhaus und Universität und half mit Rat und Tat, wo ich konnte. Für die Wahl der richtigen Uni schlug ich den jungen Leuten immer vor, das Gebäude und die Räume einmal richtig auszuriechen. Wenn der Geruch passt, dann ist sie richtig.

Einmal im Jahr lud ich meine Schülerinnen für einen Tag in mein Paradies im Grünen ein. Mir war es wichtig, diesen Stadtmenschen eine echte Naturerfahrung zu vermitteln. Dort aßen wir gemeinsam am langen Tisch zusammengetragene Speisen und genossen die Abgeschiedenheit. Wir arbeiteten aber auch intensiv, das war nicht nur Holiday. Ich verteilte Aufgaben, denen die Schüler verstreut in der Natur nachgingen. Später trafen wir uns, um die Ergebnisse zu besprechen. Eine herrliche Zeit. Auch im Atelier in Hamburg hatten wir trotz harter Arbeit viel Freude beim Unterricht. Wir hörten viel Musik, tanzten wilden Tango zwischen den Staffeleien und mussten auch mal eine Schnittwunde verarzten. Ich bin froh, dass ich diese Zeit fleißig mit der Kamera festhielt. Es tut unheimlich gut, die Fotoalben durchzublättern.

# MALEREI AUF HOHER SEE

Ganz anders als die Arbeit mit meinen Schülerinnen im Atelier waren meine Lehraufträge an Bord der MS Europa. Anfang der 2000er Jahre engagierte mich die Reederei Hapag Lloyd für mehrere Kreuzfahrten als Dozentin, um den wohlhabenden Passagieren Kunstkurse zu geben. An Bord hingen einige meiner Bilder, so war das Unternehmen auf mich gekommen. Etwa 500 Gäste reisten auf dem Schiff mit, es erstaunte mich, wie selbstverständlich sie Hunderte Mark Trinkgeld an das Personal verteilten. Dementsprechend fein war die Küche an Bord.

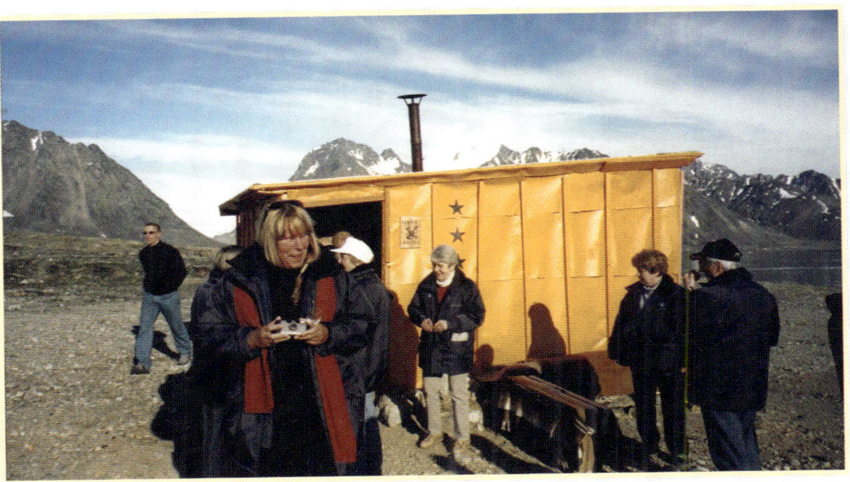

Ich genoss dieses exquisite Essen, freute mich aber jedes Mal auf eine einfache Bratwurst mit Ketchup im Hamburger Hafen.

Der Unterricht machte Spaß, die Teilnehmer waren interessiert und entspannt. Wir hatten einen Raum an Bord zur Verfügung, das Material brachte ich selbst mit. Nach einem Vortrag brachte ich den Leuten die grundlegenden Maltechniken bei. Als erste Dozentin organisierte ich Ausstellungen an Bord. Ergebnisse auch öffentlich zu zeigen, war mir immer wichtig. Warum sollte das nicht auch für ein Kunstseminar auf der MS Europa gelten? Auch abseits der Kurse verbrachte ich immer eine gute Zeit auf den Reisen. Besonders in Erinnerung geblieben ist mir die gemeinsame Fahrt mit einem Pastor aus St. Pauli und dem Auslandskorrespondenten Dr. H. W. Vahlefeld. Wir hatten tolle Gespräche und lachten viel am Tisch, obwohl sich das in diesen Kreisen nicht gehörte. Allerdings verging uns das Lachen eines Tages. Während dieser Kreuzfahrt hatten die islamistischen Terroristen am 11. September 2001 Flugzeuge in das World Trade Centre geflogen, die Welt war nach diesen Anschlägen bekannterweise in Aufruhr. Eigentlich sollten wir in New York anlegen, doch das war in diesen Tagen undenkbar. Ich erinnere mich an viele Boote mit schwer bewaffneten Soldaten. Letztlich änderten wir den Kurs und erreichten am 28. September 2001 den Hafen von Philadelphia.

# SORGEN UM DIE FEINE KUNST

Meine Zeit als Kunstlehrerin ist mittlerweile vorüber. Auch, weil die Art der Mappenvorbereitung, wie ich sie in meinen Kunstschulen in Hamburg und Buxtehude anbot, heute nicht mehr gefragt ist. Die jungen Leute bereiten sich heute im Internet auf die Bewerbungen vor. Ich sehe das nicht gerne, obwohl mir klar ist, das überall Veränderungen stattfinden und stattfinden müssen. Ich bedaure es nicht aus persönlichen Motiven, sondern weil ich mich um die Kunst sorge. Ich beobachte, wie heute bei den jungen Künstlern der Spielraum für Fantasie auf der Strecke bleibt. Und ich befürchte, dass die feine, überdachte, überfühlte Kunst immer seltener wird. Heute reicht ein prominenter Name – und schon wird ein Bild als wertvolle Kunst gehandelt. Es muss bunt und schrill sein, mehr braucht es nicht. Das finde ich schade und wünsche mir, dass sich die Menschen besinnen und es wieder lernen, genau hinschauen.

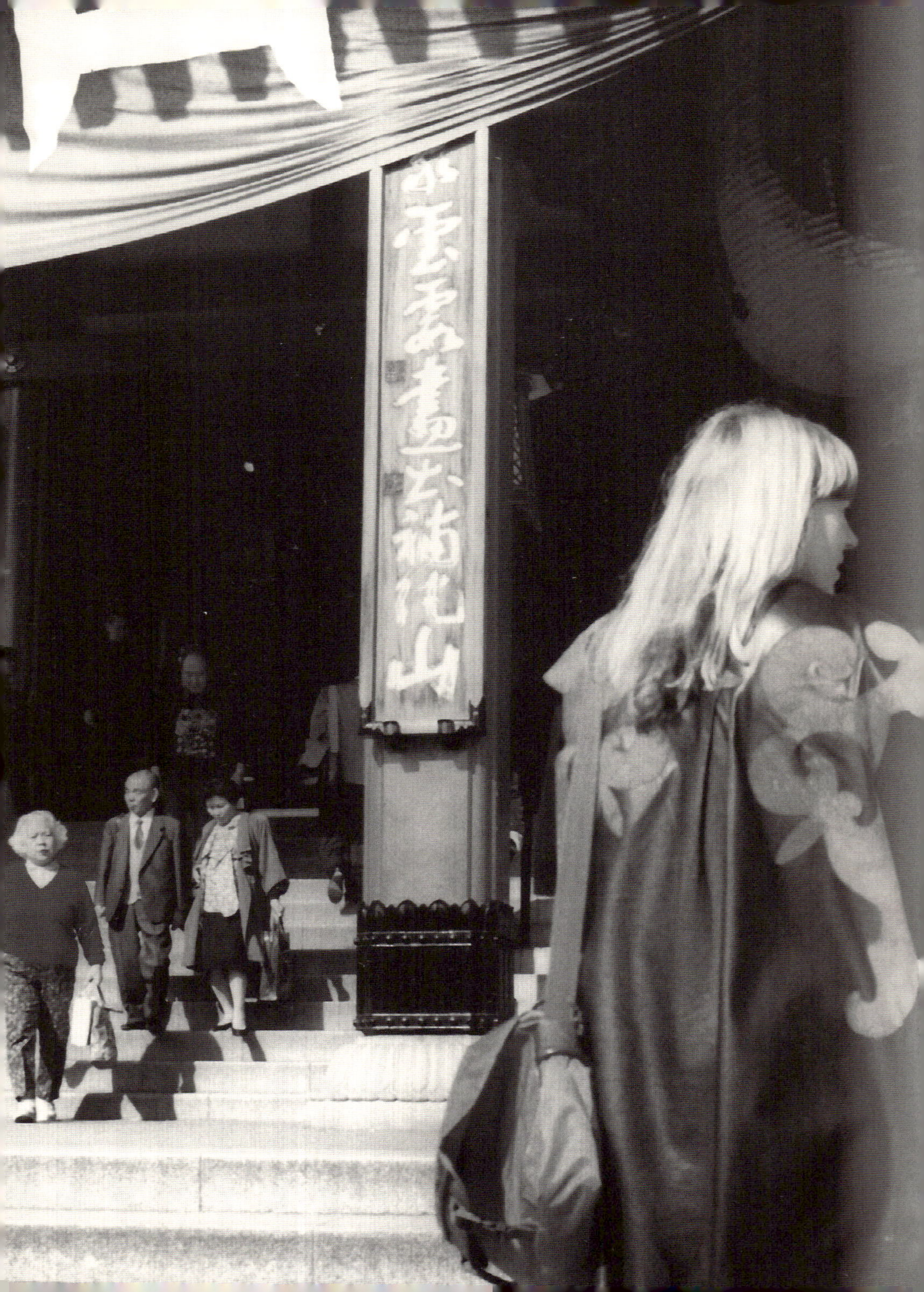

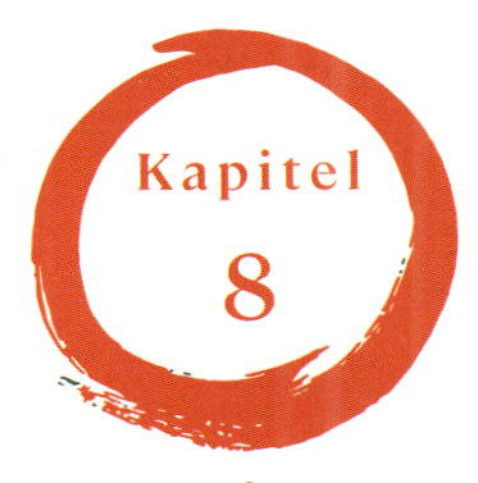


# Japan-Liebe

## WIE ES ZUM „BRÜCKENSCHLAG“ NACH FERNOST KAM

**ZEIT:** *1990 bis in die 2000er*

**ORTE:** *Tokio, Osaka, Sendai und weitere Städte*

**WER WAR WICHTIG?** *Aiko, Bänker, Fischerleute*

**WORUM GEHT ES?** *Herantasten an Japan, Nähe zur Kalligrafie, Klinken putzen, Erfolg, Freundschaft*

---

Du warst Glas das sagen Japaner zu jemandem, der zu tief ins Glas geschaut hat und im Alkoholrausch nicht mehr Herr seiner Sinne und Worte ist. Glas, weil man lieber durch die Leute hindurchsehen soll, statt sie ernstzunehmen. Diese Redewendung gefällt mir gut, darin steckt Weisheit und Anmut. Die Detailliebe und auch das feine Gespür für Ästhetik der Japaner faszinieren mich. Sie reichen tief in den Alltag der Menschen hinein und machen auch vor einer einfachen U-Bahn-Karte nicht Halt. Statt ein Ticket unbedacht in eine Tasche zu stopfen, bewahren die Japaner es in einer hübschen Hülle auf.

Als ich im Jahr 1990 das erste Mal nach Japan reiste, fühlte ich mich sofort wohl. Die Ankunft in Tokio und meinen ersten Tag dort habe ich noch sehr genau vor Augen. Nach all den Jahren kann ich immer noch spüren, wie ich in der U-Bahn-Station gegen den Schwall laufe, weil ich nicht weiß, dass in Japan Linksverkehr herrscht. Alles ist mir fremd und vertraut zugleich. Tokio verzauberte mich auf Anhieb. Mich faszinierte, wie dort die Tradition neben der Moderne weiterexistiert. In Tokios Straßen laufen Menschen in althergebrachten Kimonos dicht an dicht neben Leuten in verrückten Aufzügen, mit violett gefärbten Haaren und Babydollstrümpfen. Und das ist völlig normal, keiner stört sich an dem anderen. In Japan scheint alles in Bewegung und trotzdem gefestigt zu sein. Die Japaner lernte ich stets als gütige, besonnene und hilfsbereite Menschen kennen. Auch in einer Millionenstadt wie Tokio steht man als Tourist mit einem Stadtplan in den Händen nicht lange allein da. Es eilt einem sofort jemand zur Seite, bietet seine Hilfe an und begleitet einen sogar ganz bis zum Ziel, wenn es nötig ist.

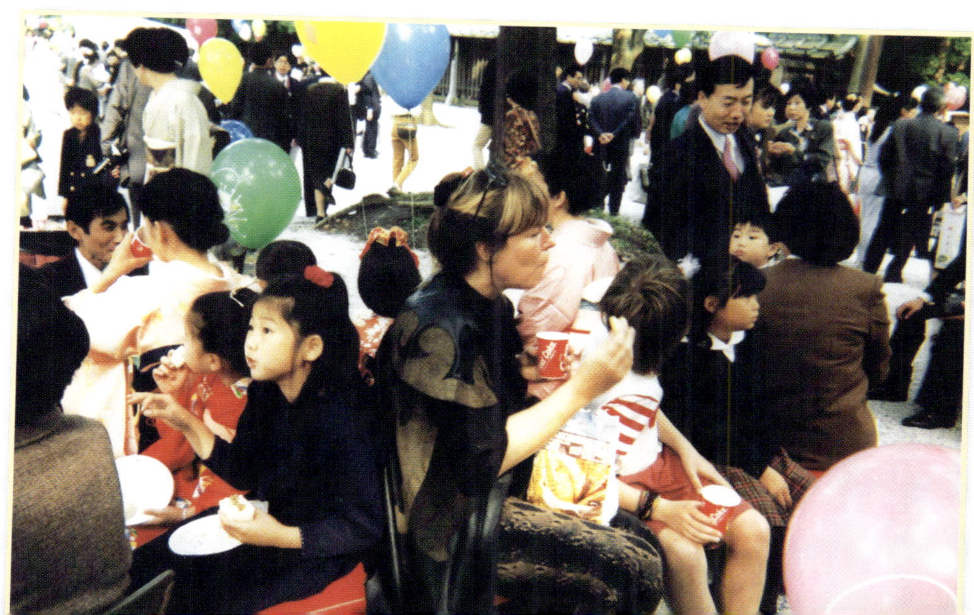

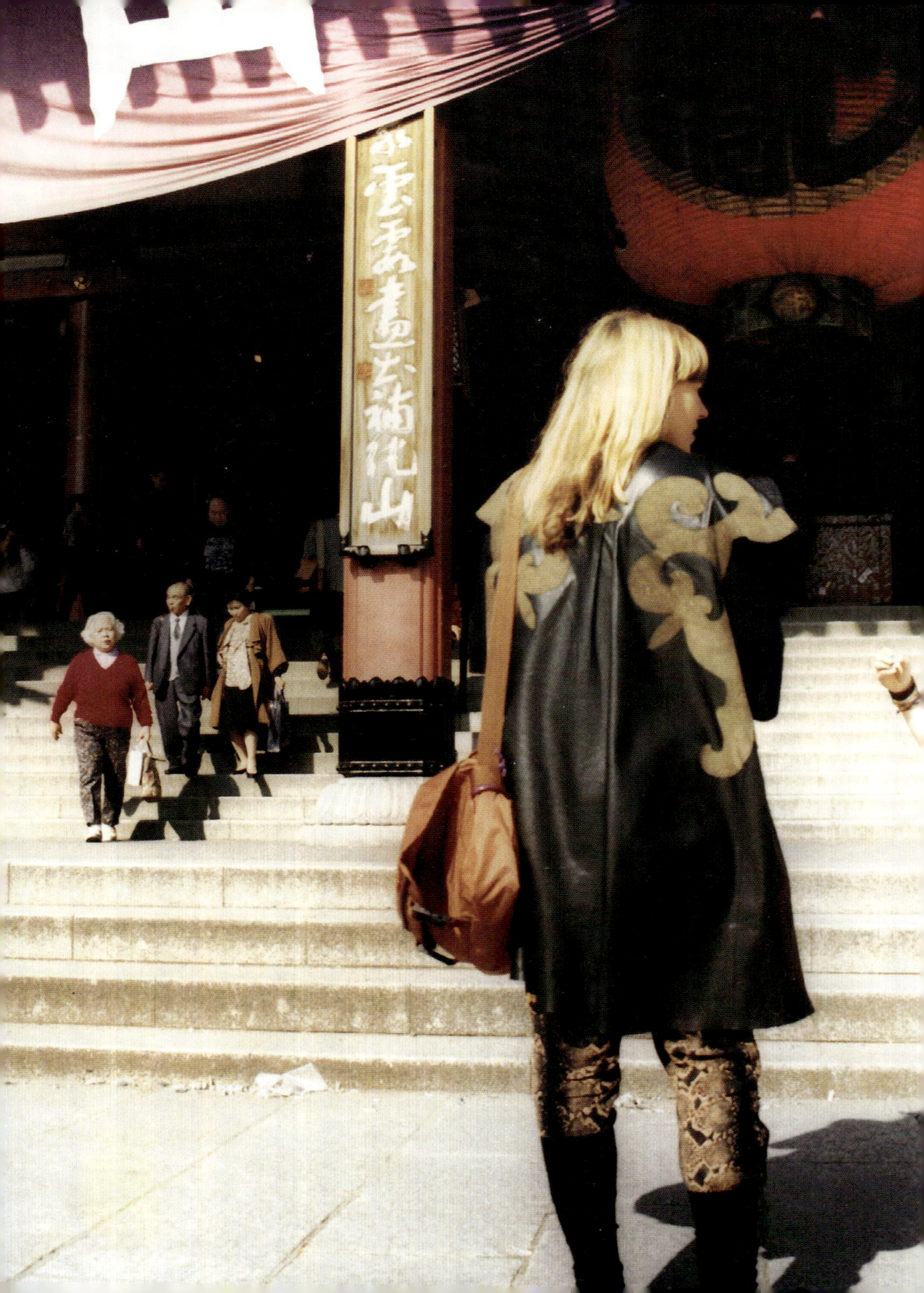

# DIE SPRACHBARRIERE

Meine Aufenthalte in Japan waren eine große Bereicherung für mich. Das fernöstliche Land ist fast ein Zuhause für mich geworden. Etwa zehn Jahre lang drehte sich in meinem Leben alles um Japan. Entweder war ich selbst dort und machte Ausstellungen. Oder ich zeigte in Deutschland Bilder im Rahmen des deutsch-japanischen Kulturaustauschs. Dreimal übernahm der Kaiser von Japan persönlich die Schirmherrschaft für meine Ausstellungen. Immer wieder ging ich für kurze Aufenthalte nach Japan. Dass ich nicht länger oder sogar für immer blieb, lag lediglich an der Sprachbarriere, die ich nicht aus dem Weg schaffen konnte. Denn es fällt mir schwer, fremde Sprachen zu lernen. Und so versuchte ich gar nicht erst, Japanisch zu sprechen, sondern merkte mir nur einige wichtige Wörter und Redewendungen. Auf Japanisch kann ich hauptsächlich „Heidi Meyer“ lesen. Hannes brachte ich vor unserer ersten Reise diesen Satz bei: トイレはどこですか. Man spricht es „Toire wa dokodesu ka?“ und es bedeutet: „Wo ist die nächste Toilette?“

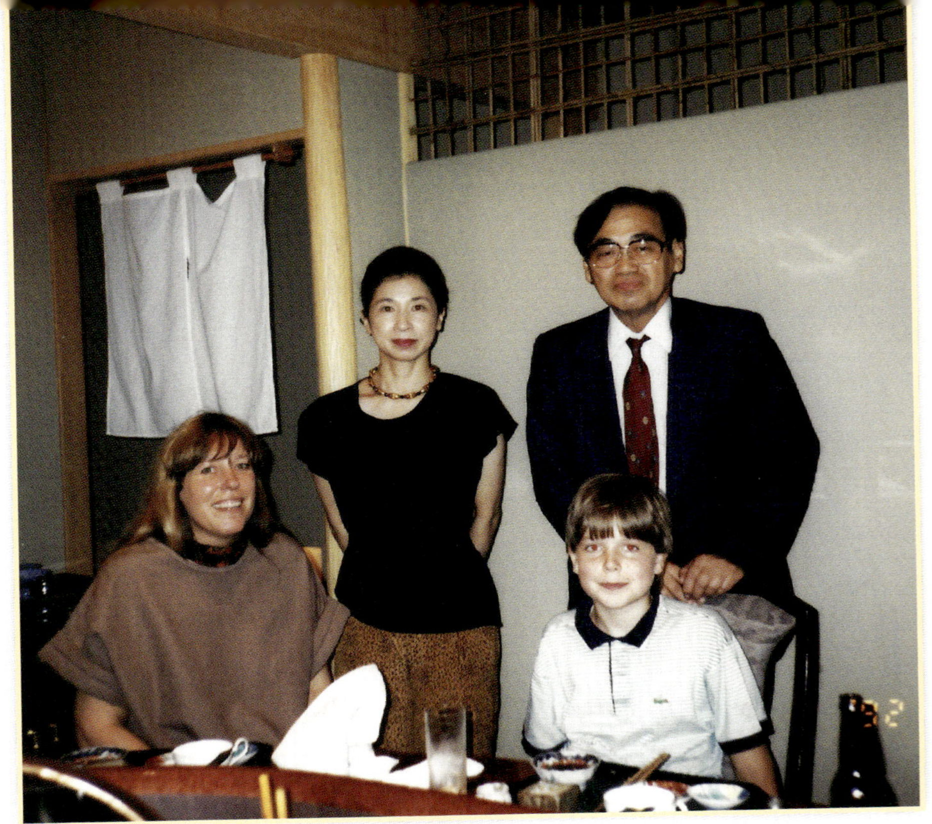

# WIE ALLES BEGANN

Es war eine unwahrscheinliche Sache, dass ausgerechnet ich als Hamburger Malerin ohne internationalen Namen in Japan Fuß fasste. Den Grundstein hatte meine Tante mit ihrer Faszination für die japanische Kultur schon in meiner Kindheit gelegt. Ohne sie hätte ich diesen Schritt nicht gemacht. Ich wäre ohne ihren Einfluss ja nicht einmal Künstlerin geworden. Jahrzehnte später wuchs in mir jedenfalls der Wunsch heran, meine Bilder Japanern zu präsentieren. Eine besondere Verbindung hatte ich immer gespürt. Ich wollte hören, ob etwas dran ist an meinen Gefühl. Eine fixe Idee, die der Startschuss zum meinem persönlichen Brückenschlag nach Japan wurde. Auf Heidi Meyer wartete damals selbstverständlich niemand, ich musste Klinken putzen. Zuerst trat ich an das japanische Konsulat in Hamburg heran. Doch in der Botschaft wollten die Diplomaten keine Ausstellungen veranstalten. Vergebens war die Kontaktaufnahme zur Botschaft aber nicht, denn eine Mitarbeiterin brachte mich auf die Idee, bei der Bank of Tokio in Hamburg nachzufragen. Und dort hatten die Leute tatsächlich ein offenes Ohr für mich. Die Ausstellung eröffnete ich im Jahr 1987 – sie war ein großer Erfolg. Die Japaner waren begeistert von meinen Arbeiten. Erst seit dieser Ausstellung tragen meine Bilder Namen, weil die Besucher mich unentwegt nach Titeln fragten. Dieses Interesse schmeichelte mir. Viele Gäste betonten eine starke Ähnlichkeit meiner geschwungenen Linien zur Kalligraphie. Damit hatte ich mich nie bewusst beschäftigt, verstand aber sofort, was die Leute meinten. Rückblickend gesehen denke ich, dass ich die Kalligraphie intuitiv fortentwickelt hatte.

# AUF NACH JAPAN

Auch der Bankdirektor registrierte die positiven Reaktionen und vermittelte mir weitere Ausstellungen. Diesmal aber in der Zentrale in Tokio und in der Niederlassung der ostasiatischen Gesellschaft. So weit hatte ich damals gar nicht gedacht, die Dinge nahmen zu meiner Freude einfach ihren Lauf.

Die Zettel an den großen Holzkisten flatterten wie wild, als ich das erste Mal meine Bilder in Japan auspackte. Der Boden bebte. Es war ein schwaches Erdbeben, für die Japaner nicht der Rede wert, aber ich hatte so etwas noch nie erlebt und mir war einigermaßen mulmig zumute. Richtig genießen konnte ich es dagegen, als ich in der Bank of Tokio mit den Sponsoren und den Bänkern zum Auftakt der Ausstellung an einem großen Tisch zusammensaß. Der Diplomat und Autor Dr. Manfred Osten, mit dem ich noch immer Kontakt halte, sprach zu Eröffnung. Und auch in Japan fanden die Leute Gefallen an meinen Bildern. Anschließend durfte ich einmal im Jahr in der Gallery Vivant in Tokio, einer aufstrebenden Galerie im lebhaften Stadtteil Ginza, ausstellen.

Dort kam ich in Kontakt mit Kojima Masatoshi, der für den Kunstverein Ajak arbeitete und mich dort bekannt machte. Es folgte eine Ausstellung in Kamakura, über die Jahre zeigte ich meine Bilder in vielen Teilen Japans. Ich war in großen Städten wie Osaka und Kyoto und in der Präfektur Fuskushima und lernte Land und Leute immer besser kennen.

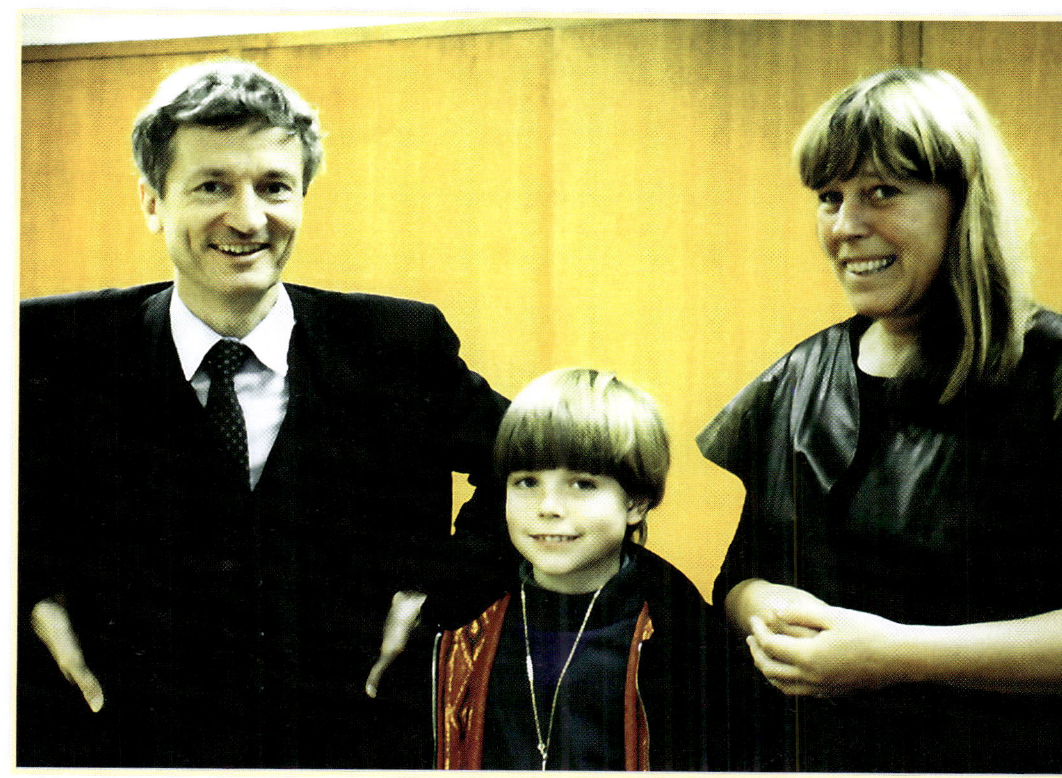

# ÄRGER IM ZUG NACH SENDAI

Meine erste Reise innerhalb Japans führte mich nach Sendai - eine große, historische Küstenstadt im Nordwesten. Ich hatte so einen unpraktischen, großen Koffer dabei. Ein Geschenk meiner Tante. Das einzig Gute an diesem sperrigen Gepäckstück war, dass Hannes darauf sitzen und sich ausruhen konnte. Er war ja noch ein Kind. Auf dieser Reise lernte ich, worauf Japaner allergisch reagieren. Für die Zugfahrt nach Sendai hatte ich am Hauptbahnhof in Tokio zwar eine Karte gelöst. Aber es handelte sich wohl um das falsche Ticket. Ich werde nie vergessen, wie laut der Schaffner mit mir schimpfte. Ich stand ihm ziemlich hilf- und sprachlos gegenüber. Glücklicherweise erwartete mich in Sendai eine kleine Delegation, die die Angelegenheit klären konnte. In einem riesigen, vollkommen ausgepolsterten Wagen ging es dann bei Wagner-Musik zum Hotel.

Nach der Ankunft erkundete ich mit Hannes direkt die Umgebung. Eine tolle Gegend, in Sendai ist noch das alte Japan zu finden. Mit gemütlichen Holzhäusern, roten Laternen und Ruhe in den Straßen. Bei unserem Streifzug entdeckten wir ein kleines Lokal, das auch zu später Stunde noch geöffnet hatte. Eine Gruppe Fischerleute verbrachte dort den Feierabend gemeinsamen. Sie nahmen uns beide ganz selbstverständlich in ihre Runde auf. Sie sangen japanische Lieder aus voller Kehle. Wir mussten deutsche Lieder singen, da gab es keine Diskussion. Am Ende des Abends wollten uns die Fischer reich beschenken, typisch für Japaner. Riesige Vasen sollten wir mitnehmen, viel zu groß, um sie im Zug durch das Land zu transportieren. Ich nahm letztlich ein tolles Teeservice mit, das ich immer noch in Ehren halte.

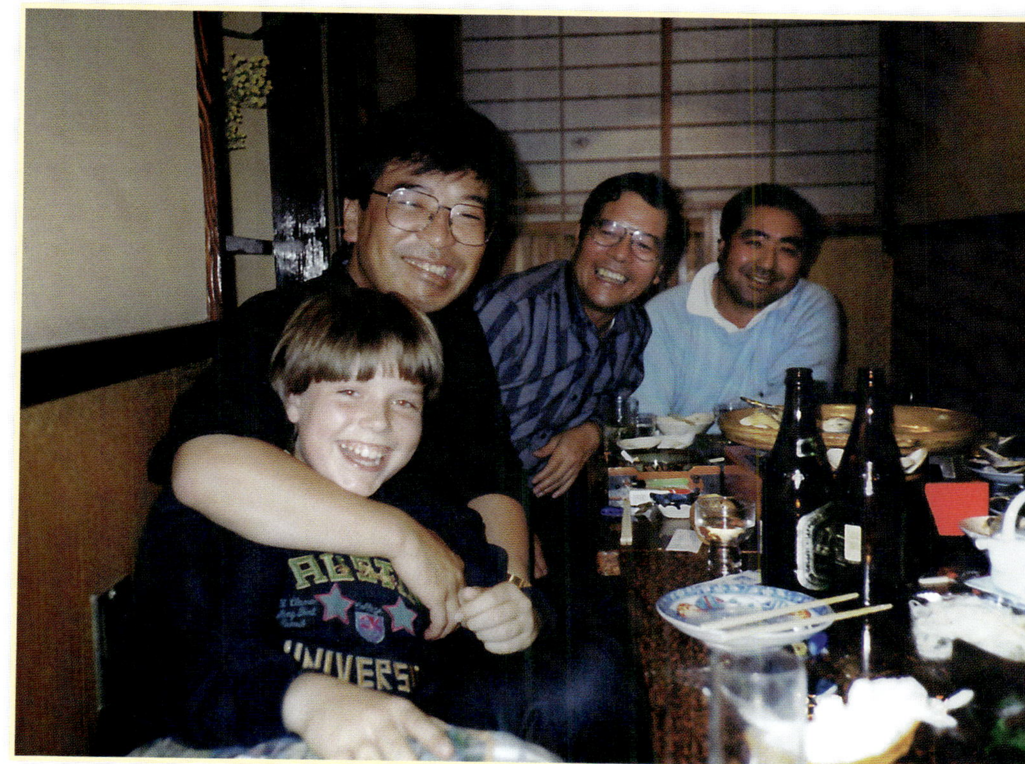

In Sendai trafen wir in den folgenden Tagen dann den Bürgermeister und viele weiter wichtige Leute. Ich wurde regelrecht hofiert und durfte mir sogar wünschen, einmal in einem richtigen Onsen zu baden. So nennen die Japaner ihre Bäder in den heißen Quellen. So frisch wie nach diesem Bad sollte ich mich nie wieder fühlen. Aus einer heißen Badewanne zu steigen, ist in der Regel mühsam. Im Onsen war das ganz anders. Mir wurde erklärt, dass es an der geringen radioaktiven Strahlung im Wasser liegt. Sie soll sich positiv auf das Wohlgefühl auswirken.

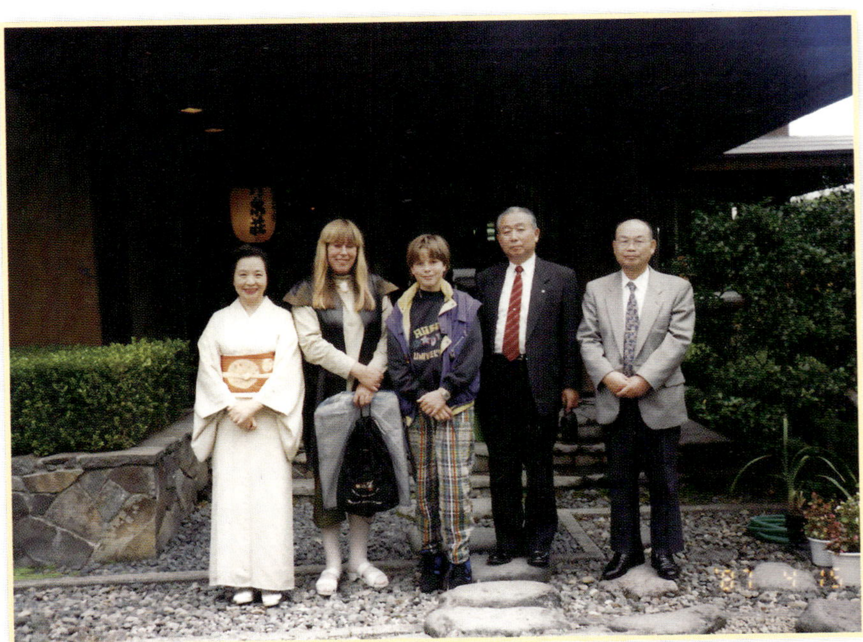

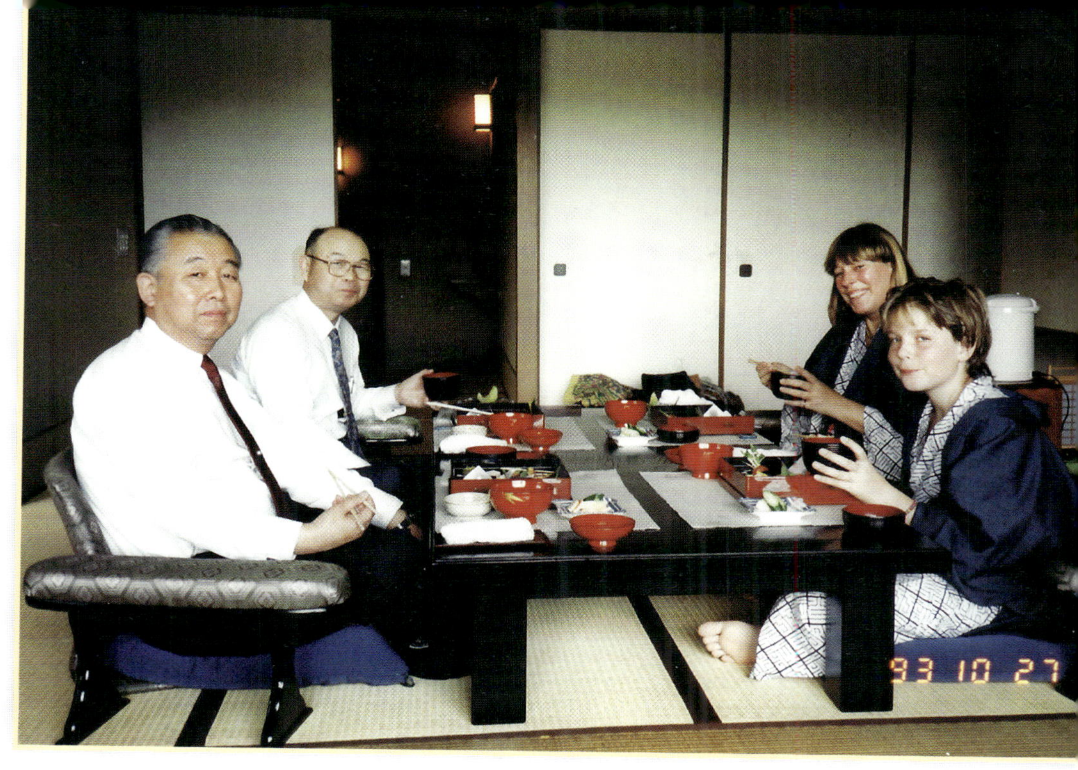


Ich brauche keinen Luxus im Leben, aber die Sonderbehandlung, die ich in Japan als Künstlerin erfuhr, gefiel mir. Das muss ich zugeben. In Tokio wurde mir sogar einmal die Ehre zu Teil, im International House in der sehr noblen Gegend Roppongi zu residieren. Roppongi ist das Blankenese von Tokio, das Hotel ein Einrichtung für besondere internationale Gäste. Mit den 20 DM, die meine Mutter Hannes für die Reise als Taschengeld mitgegeben hatte, konnten wir gerade mal einen Apfel kaufen, so teuer ist das Leben dort. Nicht nur ich, sondern auch Hannes bekam viel Aufmerksamkeit bei den Japan-Reisen. Ich sehe noch vor mir, wie er in dem Hotelgarten des International House steht und ein echtes Samurai-Schwert schwingt. Die Angestellten hatten ihm gezeigt, wie er es richtig hält und führt.

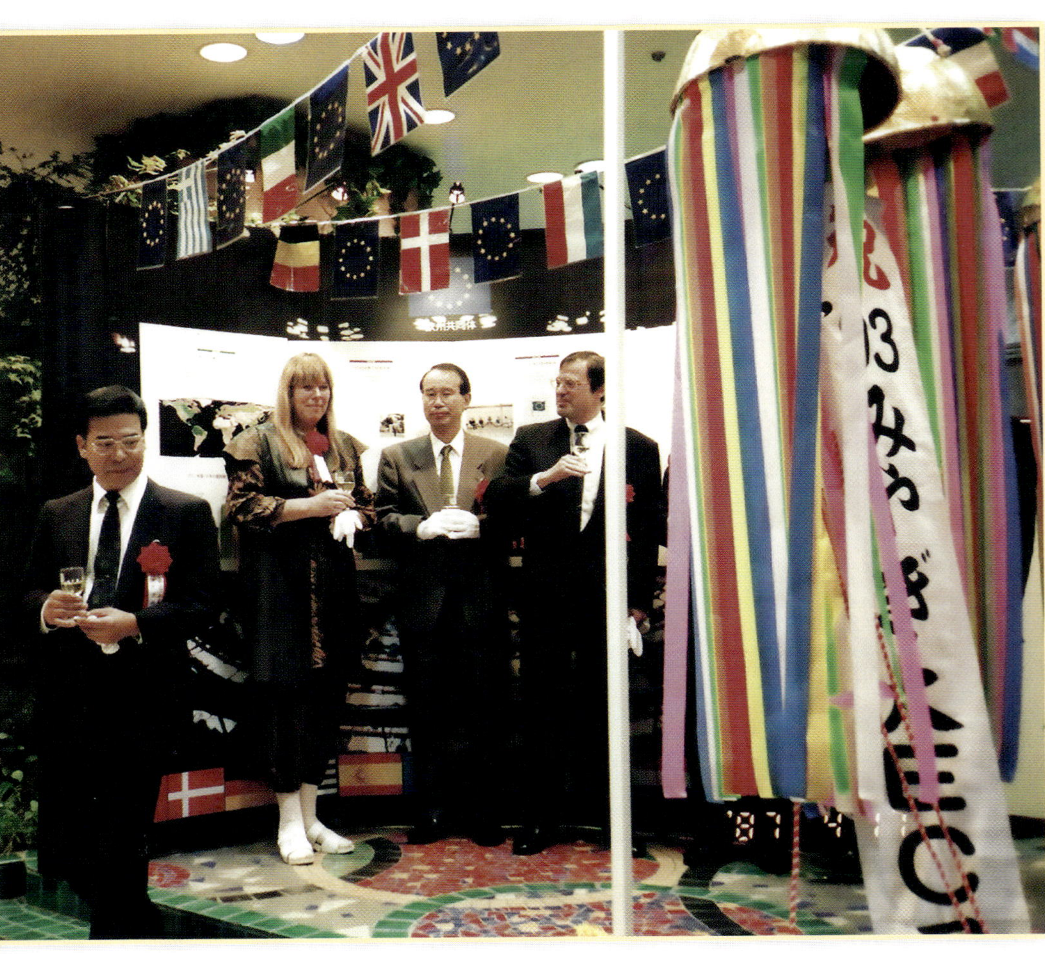

# MEINE FREUNDIN AIKO

Über die Unterschiede und Gemeinsamkeiten von Japanern und Deutschen lassen sich ganze Bücher schreiben. Dieses Feld möchte ich den Experten überlassen und hier nur ein paar persönliche Beobachtungen zum Besten geben. Ein großer kultureller Unterschied, an den ich im Zusammenhang mit meiner Freundin Aiko immer denke, sind die Schlafgewohnheiten. Aiko kann überall schlafen, ganz egal wo sie ist. Nach ihrem letzten Besuch bei mir in Deutschland wirkte das Bett im Gästezimmer völlig unangetastet. Ich glaube, sie schlief mehrere Tage lang im Sessel daneben. Dazu sollte man wissen, dass Japaner traditionell gar kein separates Schlafzimmer in ihren Häusern oder Wohnungen haben. Sie legen sich auf dem Boden auf Matten auf den sogenannten Tatamis zum Schlafen nieder. In den Zügen in Japan schlafen die meisten Fahrgäste ganz ruhig vor sich hin, steigen aber problemfrei aus, sobald sie an ihrer Haltestelle ankommen. Das bewunderte ich immer.

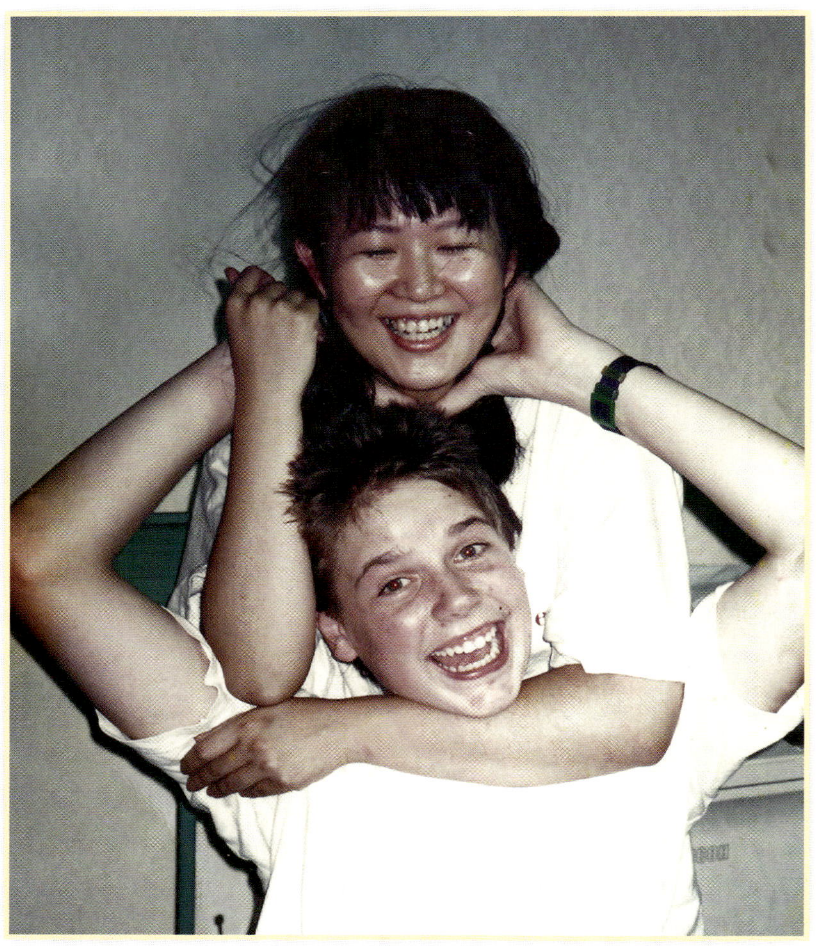

Aiko ist eine besondere Frau, eine Ausnahmeerscheinung. Sie entstammt einer stolzen Samuraifamilie, arbeitet als Künstlerin und Filmemacherin, sammelt Oldtimer und lebte ohne Ehemann, aber mit einem Hund in einer Eigentumswohnung, als wir uns kennenlernten. Eine emanzipierte Frau also. Das war in Japan vor 30 Jahren noch viel ungewöhnlicher war als bei uns in Deutschland. Ich lernte Aiko in meinem Hamburger Atelier kennen. Unser Kontakt war durch die Hamburger Kulturbehörde entstanden. Aus diesem ersten Treffen ergab sich sofort eine Freundschaft fürs Leben. Das war schon damals zu spüren.

Denke ich an die Zeit mit Aiko in Japan zurück, habe ich wunderbare Abende mit ihr, ihren Freunden und ihrer Familie in Osaka im Kopf. Wir veranstalteten gemeinsame Kochabende, schwangen Wunderkerzen und genossen das Leben. Aiko führte mich und Hannes überall herum, zeigte uns jeden Winkel von Tokio und ihrer Heimat Osaka.

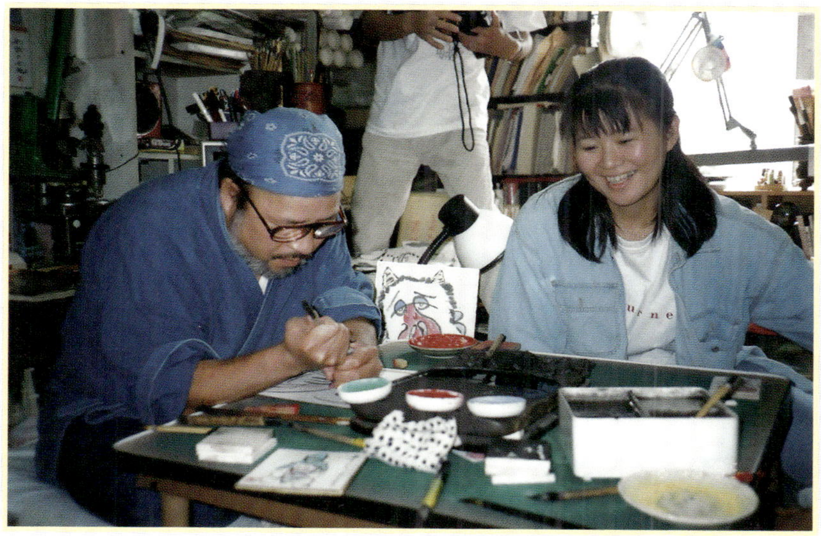

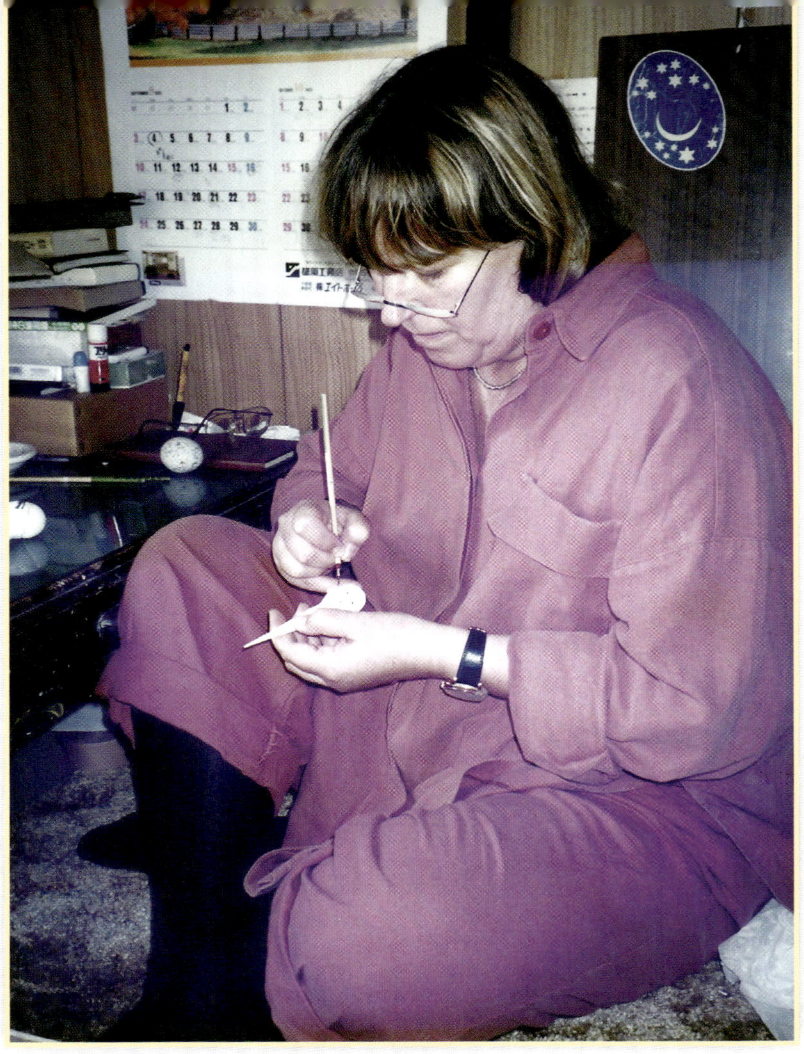

Osaka ist Japans drittgrößte Stadt und ein wichtiges wirtschaftliches und kulturelles Zentrum. Im Rathaus von Osaka hängt eines meiner Bilder. Die erste europäische Arbeit dort überhaupt. Ich hatte immer den Eindruck, als bestünde Osaka aus drei übereinander gebauten Städten – mit all dem Beton, den Straßen, Brücken und Hochhäusern und dem Gewusel. Ein lebhafter und intensiver Ort, von dem ich schnell eine Auszeit brauchte. „Hannes, ich muss Land sehen“, sagte ich daher eines Tages zu meinem Sohn. Kurz entschlossen brachen war zu einer Zugreise nach Nikkō auf. Eine wunderschöne historische Stadt inmitten der Natur. Solche Trips auf eigene Faust brauchte ich zwischendurch. Einer der schönsten Plätze, die ich so kennenlernte, ist die Matsushima-Bucht bei Sendai. Eine Legende besagt, dass die atemberaubend hübschen Inseln aus den Tränen einer Göttin entstanden, die dort einst vom Himmel fielen.

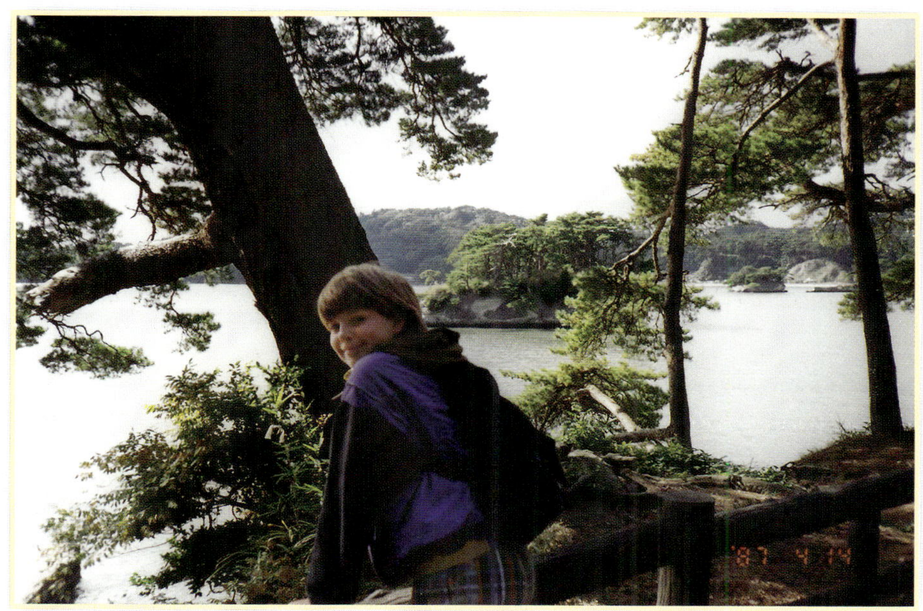

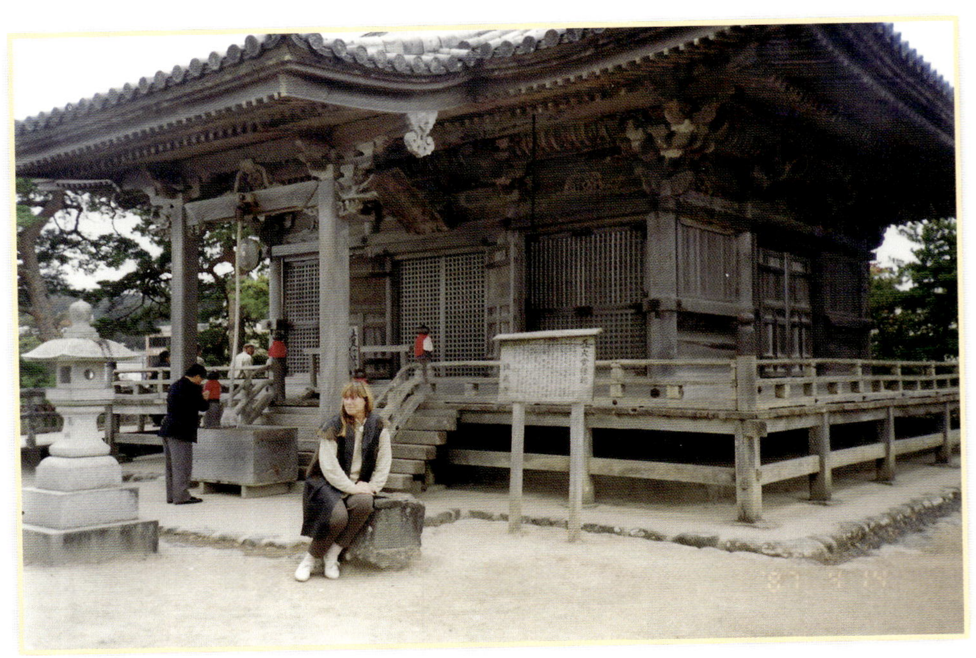

# DER KONFLIKT

Ich würde Aiko gerne wieder besuchen, sie lebt heute in einem eigenen Haus in Osaka. Aber eine solche Reise ist mir mittlerweile zu beschwerlich. Schade, denn so viel unverstellte Herzlichkeit wie mit Aiko erlebte ich nie wieder. Leider kam es nach einigen Jahren zu einem Konflikt, bei dem ich zwischen die Fronten geriet und der mir noch immer

Rätsel aufgibt. Es war 1996 und ich kam auf Einladung des Goethe-Instituts für eine Ausstellung nach Osaka. Von Aiko nahm ich das Angebot an, mit Hannes für den Aufenthalt bei ihr zu schlafen. Damit verstießen wir gegen mir unbekannte Regeln. In den Augen der Vertreter des Goethe-Instituts hätte Aiko mich nicht einladen dürfen, weil ich im Institut ausstellte. Diese Beschwerde verletzte wiederum Aikos Stolz. Statt sich zu entschuldigen, forderte sie eine Entschuldigung des Goethe-Instituts bei ihrer Familie. Ich verstand die Welt nicht mehr. Ein Streit wird in Japan nicht offen ausgetragen, emotionale Ausbrüche in der Öffentlichkeit führen zum Gesichtsverlust. Deswegen bin ich nie dahinter gekommen, was eigentlich genau passiert war. Für solche Eitelkeiten, in diesem Fall von beiden Seiten, hatte ich persönlich nie viel Verständnis.

## AUSBRUCH NACH SÜDAFRIKA

Nach diesem Ärger war für mich die Zeit gekommen, auszubrechen und ein neues Kapitel aufzuschlagen. Ich setzte mir ein neues Ziel in den Kopf: Diesmal sollte es eine Ausstellung in Südafrika sein. Das schien mir weit genug weg von Japan zu sein. Reisen waren für mich immer mit meiner Arbeit verbunden. Ich machte einfach Ausstellungen in den Ländern, die mich interessieren, und nutze die Aufenthalte auch, um Land und Leute kennenzulernen. Nur ein einziges Mal fuhr ich einfach nur in den Urlaub – nach Bali. Es war Hannes' Wunsch und ich tat ihm den Gefallen. Mir waren dort zu viele Urlauber unterwegs. Massentourismus, das ist nichts für mich. Ich kann nichts damit anfangen, im Gänsemarsch von einer Sehenswürdigkeit zur anderen zu trotten. Ich bin auch kein Mensch für Ausflüge in Reisegruppen. Außerdem stießen mir auf Bali Dinge wie die festlichen Leichenverbrennungen oder die Hahnenkämpfe übel auf.

Für die Ausstellung in Südafrika nutze ich gute Verbindungen zu Leuten im Auswärtigen Amt, die mich schon vorher unterstützt hatten. Solche Kontakte sind nicht zu unterschätzen. Ohne wohlgesonnene Helfer in wichtigen Positionen sind internationale Projekte kaum umzusetzen. Für mich war die Idee der Auftakt zur einer kleinen Weltreise, die mich nach Südafrika, China und Vietnam führen sollte. 1999 war es nach einiger Vorbereitungszeit so weit: Ich zeigte meine Bilder in der renommierten Chelsea Gallery in Kapstadt. Auch Hannes war wieder dabei und wir nutzen den Aufenthalt wie gewohnt dafür, das Land zu bereisen. In Camps Bay an der Küste vor Kapstadt machte Hannes seinen ersten Tauchschein. Später wurde er sogar Tauchlehrer und lebte einige Jahre im Ausland. Ich spielte damals mit dem Gedanken, mir eine Immobilie in Kapstadt zu kaufen. Finanziell lief es mittlerweile besser und das Klima gefiel mir sehr. Außerdem beträgt die Zeitverschiebung zu Deutschland nur zwei Stunden. Kaum in Worte fassen kann ich die sensationelle Natur in Südafrika. Ich hatte vorher nicht gewusst, dass so etwas Wunderschönes existiert. Von dieser Stimmung gepackt sah ich mir direkt einige Objekte an. Doch ich hatte in Kapstadt stets das Gefühl, mit angezogenen Schultern herumzulaufen, immer auf der Hut sein zu müssen. Die Häuser dort waren alle mit Gittern verrammelt, an den Ampeln mussten wir die Türen verschließen, um nicht ausgeraubt zu werden. Die sozialen Unterschiede waren extrem und der Umgang mit der schwarzen Bevölkerung in Südafrika gefiel mir überhaupt nicht. Die Konflikte der Apartheid waren noch deutlich zu spüren, auch im Verhältnis der Kunstschaffenden zu ihren Angestellten. Ein dauerhaftes Leben dort konnte ich mir aus diesen Gründen nicht vorstellen.

# DAS DINNER AUF DER CHINESISCHEN MAUER

Also setzte ich meine Reise fort. Im Jahr 2000 besuchte ich meinen alten Jugendfreund Kurt aus Buxtehude in Peking und organisierte dort auch eine Ausstellung. Kurt ist als Geschäftsmann in Peking und stellte für mich den Kontakt zur Deutschen Botschaft her. Dort wurden meine Bilder dann in einer Doppelausstellung gezeigt. Der Höhepunkt der Reise war aber nicht die Kunst, sondern Kurts 60. Geburtstag. Denn er feierte ihn mit einem Dinner mitten auf der Chinesischen Mauer. Diese Mauer hat wirklich eine mächtige Aura. Das wunderbare chinesische Essen an diesen geschichtsträchtigen Ort zu genießen, war ein ein ganz besonderes Erlebnis.

# SCHWEISSTREIBENDES VIETNAM

Es gefiel mir, meine Bilder wieder in einem asiatischen Land auszustellen. Von Japan brauchte ich noch eine Auszeit. Da erschien es mir sinnvoll, meine Fühler nach Vietnam auszustrecken. Ein Freund, der gleichzeitig Vorsitzender der Deutsch-Japanischen Gesellschaft und der Deutsch-Vietnamesischen Gesellschaft war, fädelte etwas ein. Und so reiste ich 2004 ganz allein für meine Ausstellung im Goethe-Institut nach Hanoi. Das war sehr aufregend. Hanoi, das sind für mich spannende Märkte, irre gutes Essen und Reptilien in Alkoholflaschen – ich traute mich aber nicht, den Schnaps mit den konservierten Tieren zu trinken. Für eine schweißtreibende Dschungeltour organisierte ich mir auf eigene Faust einen Fahrer, der mich stundenlang auf seinem Moped mitnahm.

So besuchte ich Tempel und erkundete unterwegs eine alte Höhle mit einem kleinen Schiff. Mehrmals musste ich meine Kleidung auswringen, so feucht und heiß war die Luft dort. In einem Ort konnte ich beobachten, wie eine Gruppe von Männern einen riesigen Büffel auf einem Fahrrad transportierte, das war vielleicht ein Anblick. Auch in künstlerischer Hinsicht war die Reise interessant. Die Vietnamesen betreiben im großen Stil die Bildhauerei, die Künstler dort hauen viel in Stein. Die alten Techniken werden noch geschätzt.

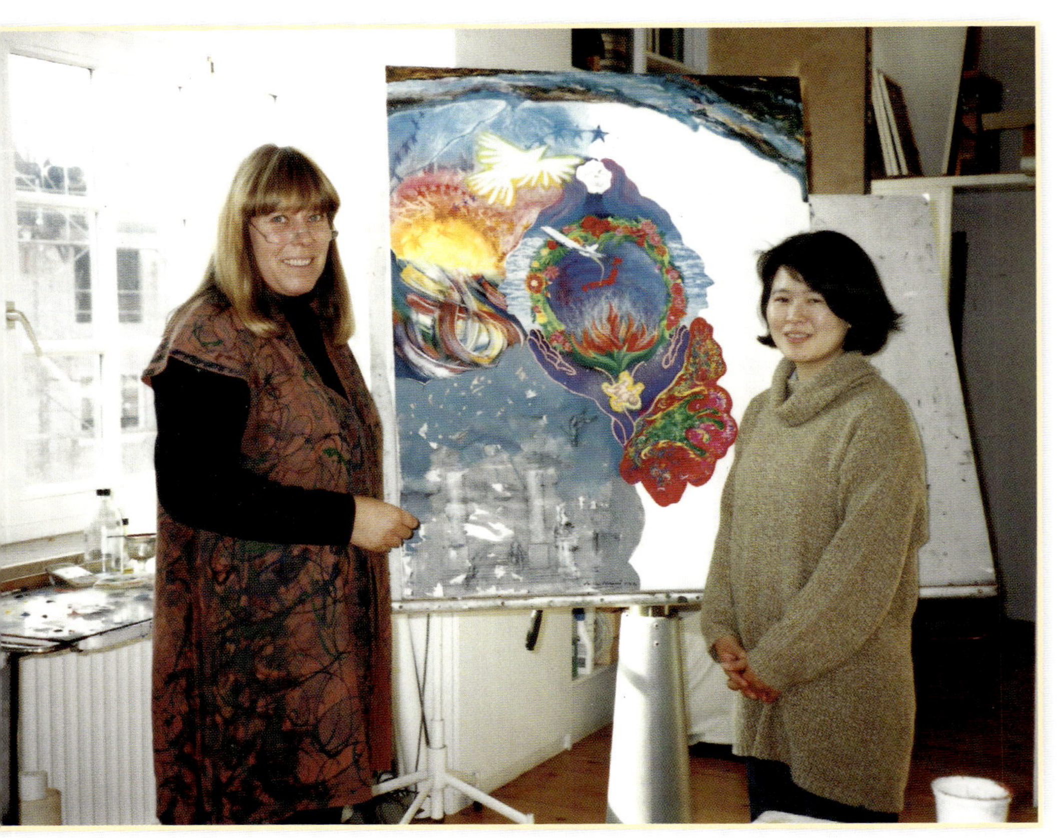

Besonders freute ich mich darüber, dass Aiko mit ihrer Familie von Japan nach Vietnam flog, um mich und meine Ausstellung zu sehen. Mit Aiko und ihrer Familie war ich nie verstritten, trotzdem hatte ihr Besuch in Hanoi eine Art Versöhnung zur Folge. Ich zeigte meine Bilder noch einige Male in Tokio im Metropolitan Museum of Art, widmete mich aber bald einer neuen, unerwarteten Aufgabe. Es war der Tod meiner Mutter, der mich zurück nach Buxtehude führte.

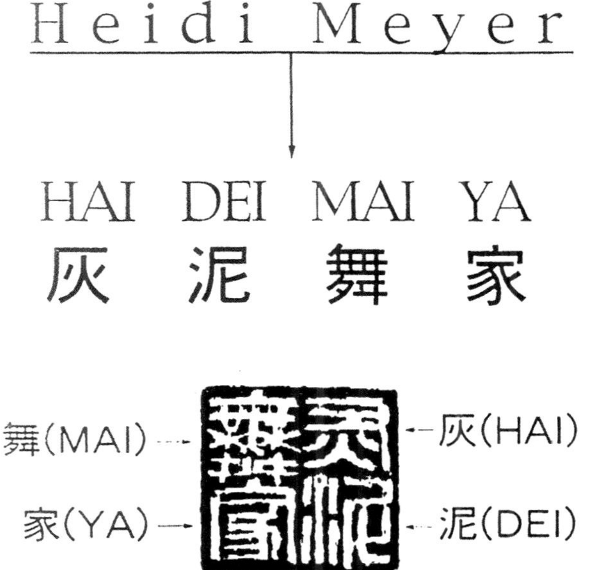

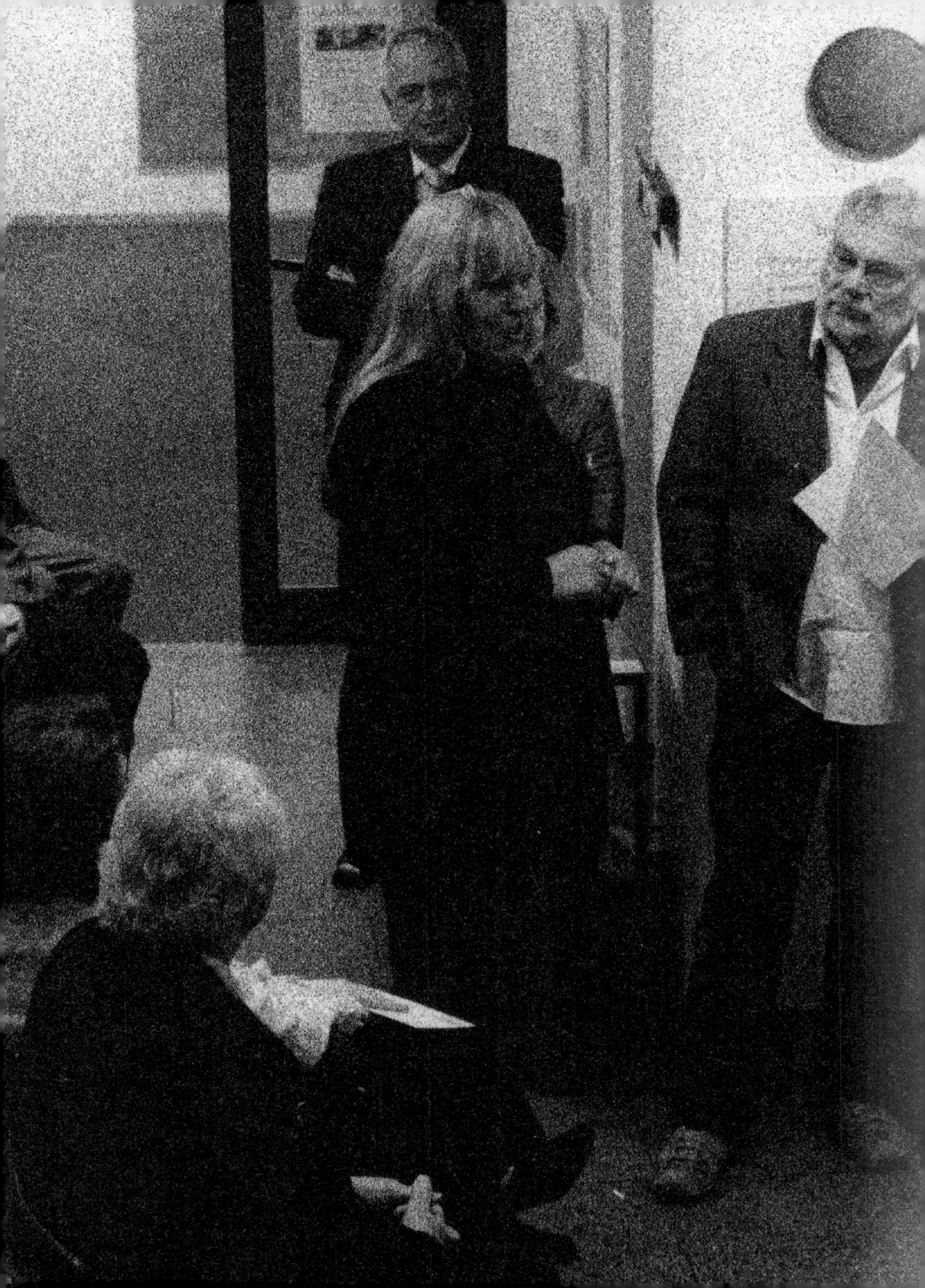

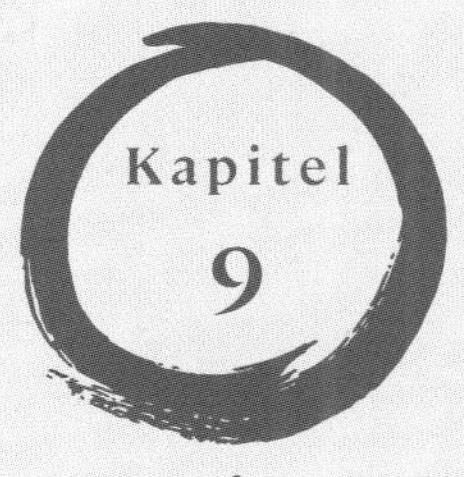


# Rückkehr

## DER KREIS SCHLIESST SICH

**ZEIT:** *Anfang der 2000er Jahre*
**ORTE:** *Buxtehude, Hamburg*
**WER WAR WICHTIG?** *Meine Mutter, die Architektin, das Entenpaar*
**WORUM GEHT ES?** *Heimkehr wider Willen, neue Aufgaben, Tod, Immobilien, mein Garten*

---

Mein japanischer Garten ist mein heiliger Rückzugsort. Er befindet sich auf dem Dach über meiner Wohnung und ich betrete ihn täglich durch die Terrassentür meines Ateliers. Ich bin dort ganz für mich und lebe im Einklang mit den Vögeln und dem Entenpaar, das mich regelmäßig besucht. Die Ente legt sogar ihre Eier bei mir im Spitzahorn. Und sobald ihre Küken die Schale durchbrechen, bringe ich alle zum Ententeich um die Ecke. Das ist unsere Abmachung. Dass die beiden immer wieder zurückkehren, zeigt mir, dass bei mir die richtige Energie herrscht. Mein Garten ist ein Ort, den ich gegen alle Widerstände schuf.

Obwohl ich mir fest vorgenommen hatte, nie wieder in Buxtehude zu leben, kehrte ich zu meinen Wurzeln zurück. Nun wohne ich wieder in dem Haus meiner Kindheit. Das Haus, in dem mein Vater seine Fleischerei betrieb und in dem wir mit all den Angestellten wie eine große Familie lebten. Wie wichtig mir das alles ist, wurde mir erst bewusst, als ich eines Tages einen Anruf in meinem Hamburger Atelier bekam. Es war die Klinik in Buxtehude. Meine Mutter lag im Sterben. Als ich ankam, war sie bereits tot. Ich erbte die große Immobilie und mir wurde bewusst, dass ein Verkauf für mich nicht infrage kam. Das hätte sich wie ein Verrat an meinem Vater angefühlt. Nun hatte ich weder vom Geschäftsleben noch von Immobilien eine Ahnung. Als mir klar wurde, dass ich diejenige sein sollte, die sich um all das kümmern muss, wurde mir richtig schwindelig. Mietverträge abschließen, Steuerzahlungen im Blick behalten, Kredite bedienen, Inserate für Gewerbeflächen aufgeben, Ärger mit Mietern klären, Mietschulden eintreiben – all das war nun meine Aufgabe. Ich will nicht undankbar klingen. Es gibt wahrlich Schlimmeres, als eine große Immobilie in bester Altstadtlage zu erben. Aber ich bin keine Geschäftsfrau und alles andere als ein Zahlenmensch, hatte mich immer auf meine künstlerische Karriere konzentriert. Ich wünschte, meine Mutter hätte mich darauf vorbereitet, das Familienerbe zu verwalten. Doch wir wechselten kein einziges Wort darüber, aus meiner Perspektive ließ sie mich einfach ins kalte Wasser fallen. Erschwerend kam hinzu, dass sie die Immobilie in keinem guten Zustand hinterließ. Die Fleischerei war schon lange Geschichte zu diesem Zeitpunkt, das Gebäude stand mit Ausnahme der Deutschen Bank als Mietpartei in der Langen Straße leer. Ich war überfordert und empfand das als extrem unfair.

## MEINE MUTTER UND ICH

Meine Mutter und ich hatten bis zum Ende kein gutes Verhältnis. Zu einer Versöhnung wäre es vermutlich auch am Sterbebett nicht gekommen. Aber darüber kann ich nur spekulieren. Fast 20 Jahre später bin ich dabei, ihr zu vergeben. Ich beginne zu verstehen, warum sie nicht die Mutter sein konnte, die ich mir immer gewünscht hatte. Streitpunkte gab es viele in unserer Mutter-Tochter-Beziehung. Es waren viele Kleinigkeit darunter. Was mir das Herz brach, war ihre Reaktion auf meine Schwangerschaft. Als ich ihr davon erzählte, hatte sie nicht mehr dazu zu sagen als: „Oh Gott." Nur ein einziges Mal besuchte sie mich in all den Jahren im Hamburger Atelier. „Wie kann man hier bloß leben?", das war ihr Kommentar. Ich will ihr kein Unrecht tun. Meine Mutter kümmerte sich anständig um uns, sie brachte mir gutes Benehmen und guten Geschmack bei. Doch das reichte mir nicht. Statt der gut aussehenden und stolzen

Frau, die sie war, wünschte ich mir immer ein Mütterchen mit Dut und Brille. Mir fehlte immer die Wärme in unserer Beziehung. Lange bin ich davon ausgegangen, dass es sich damals einfach gehörte, Kinder zu haben. Aber das ist nicht die ganze Geschichte. Ich vermute, dass sie den Verlust meines älteren Bruders nie verkraftet hatte. Er starb mit zwei Jahren an Diphtherie, noch bevor ich geboren war. Das setzte ihr wohl schlimmer zu, als ich lange wusste. Vielleicht konnte meine Mutter mir wegen dieser Erfahrung nicht die Zuneigung zeigen, die ich mir wünschte. Das ist meine Vermutung. Nach vielen Jahren der Wut erkenne ich Zusammenhänge, die ich vorher nicht sehen konnte. Außerdem kann ich mich glücklich schätzen, mit meiner warmherzigen Oma und meinen Tanten tollen Frauen an meiner Seite gehabt zu haben. Und ich lernte früh, die Dinge selbst in die Hand zu nehmen.

## GROSSE UMBAUARBEITEN

Mit dem japanischen Garten und dem Bau meiner eigenen Wohnung und des Ateliers drückte ich dem Familiengebäude meinen eigenen Stempel auf. Mit diesem Schritt wurde es mein Projekt. Wo ich heute auf knallig rote Ahornblätter, Bambus, Zedern und helle Kiesel blicke, befand sich zuvor nur ein unzugängliches und karges Flachdach. Eigentlich hätte man den Garten, so wie ich ihn mit all den Bäumen, Büschen und Wegen anlegte, wohl gar nicht bauen dürfen. „Frau Meyer, da haben Sie sich aber was ausgedacht...", sagte der Statiker etwas ungläubig zu mir. Doch seine Skepsis hielt mich nicht auf.

Mit diesem Schwung konnte ich die neue Aufgabe angehen. Ich hängte Schilder in die Fenster und fand neue Mieter, nahm viele Umbaumaßnahmen in der Immobilie vor. Ich hatte viele Ideen und hätte gern das Buxtehuder Tageblatt in dem Gebäude untergebracht. Auch ein Hammam – ein türkisches Dampfbad – konnte ich mir gut vorstellen. Beides klappte nicht, aber ich war jetzt in Fahrt gekommen. Bauen und Gestalten, das war immer mein Ding gewesen. Die Zusammenarbeit mit meiner Architektin machte mir großen Spaß. Mein Vater wäre sicher stolz auf mich gewesen. Er wäre selbst gern Architekt geworden, übernahm aber pflichtbewusst das Geschäft seiner Eltern. Ich stelle mir gern vor, wie sein Geist an der Umgestaltung des Hauses mitwirkte. Der Gedanke tröstet mich. Von einem Porträt, das er sich zu seinem 70. Geburtstag von mir gewünscht hatte, schmunzelt er mir jeden Tag zustimmend zu.

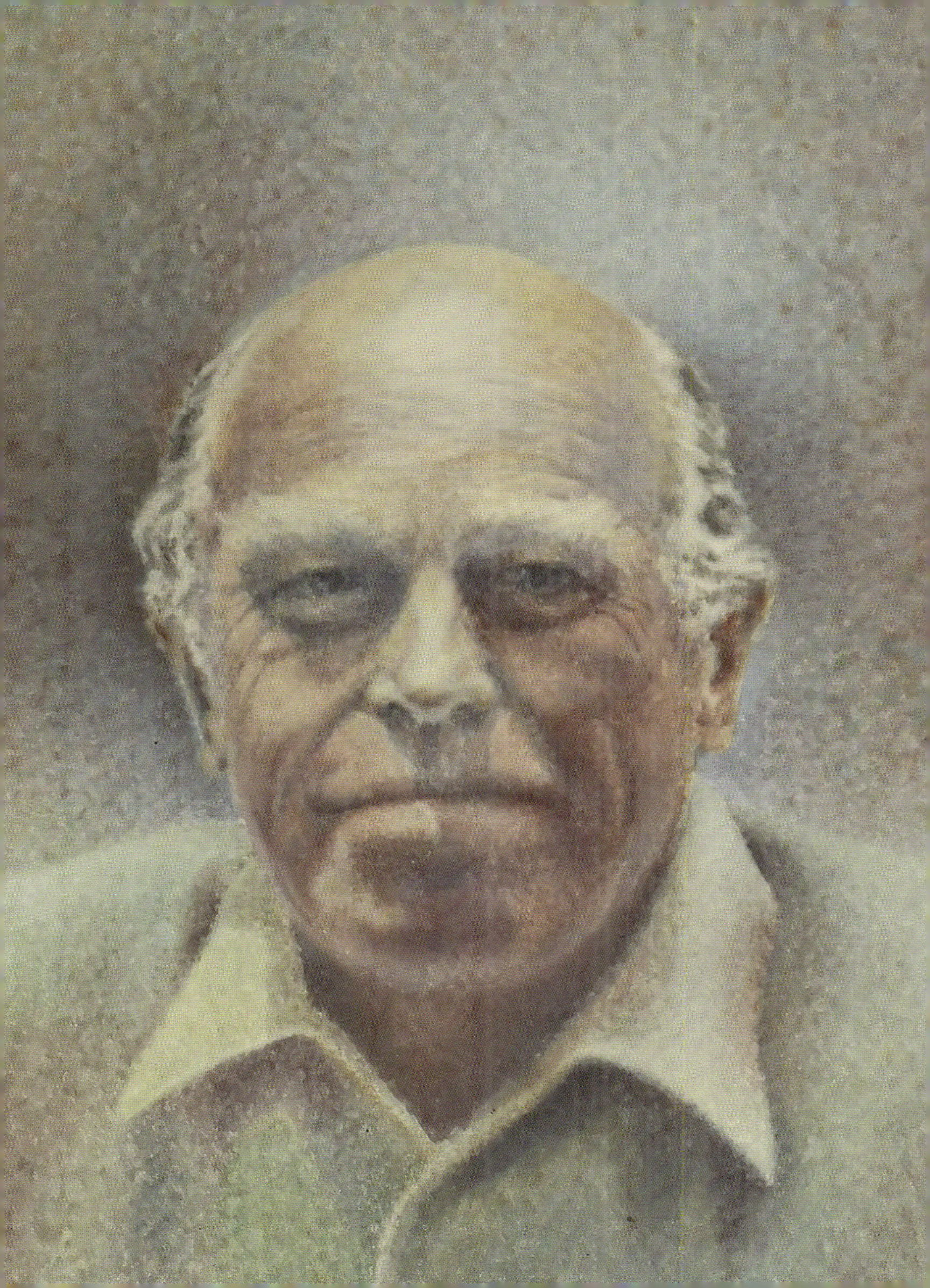

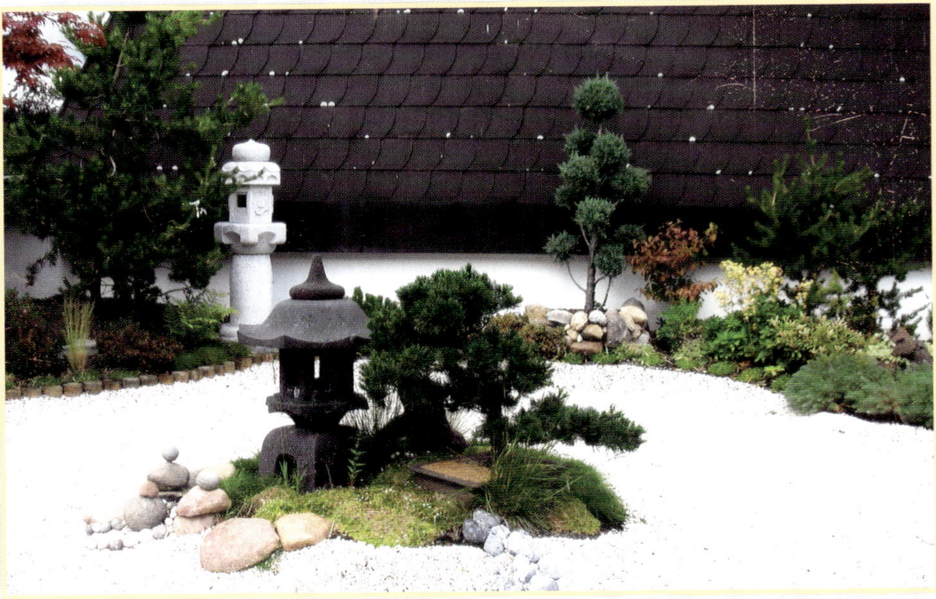

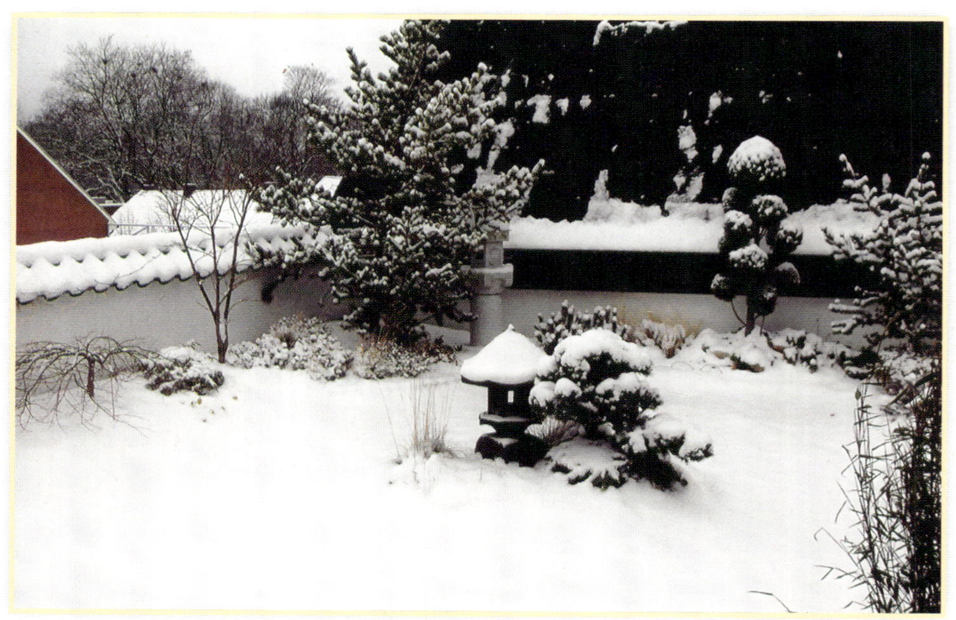

Ich eröffnete auch eine Kunstschule in Buxtehude, noch bevor ich überhaupt ein eigenes Bett in dem Haus aufstellte. Als ich die Räume sah, wusste ich sofort, dass ich dort unbedingt Schüler unterrichten möchte. Von da an pendelte ich zwischen Hamburg und Buxtehude.

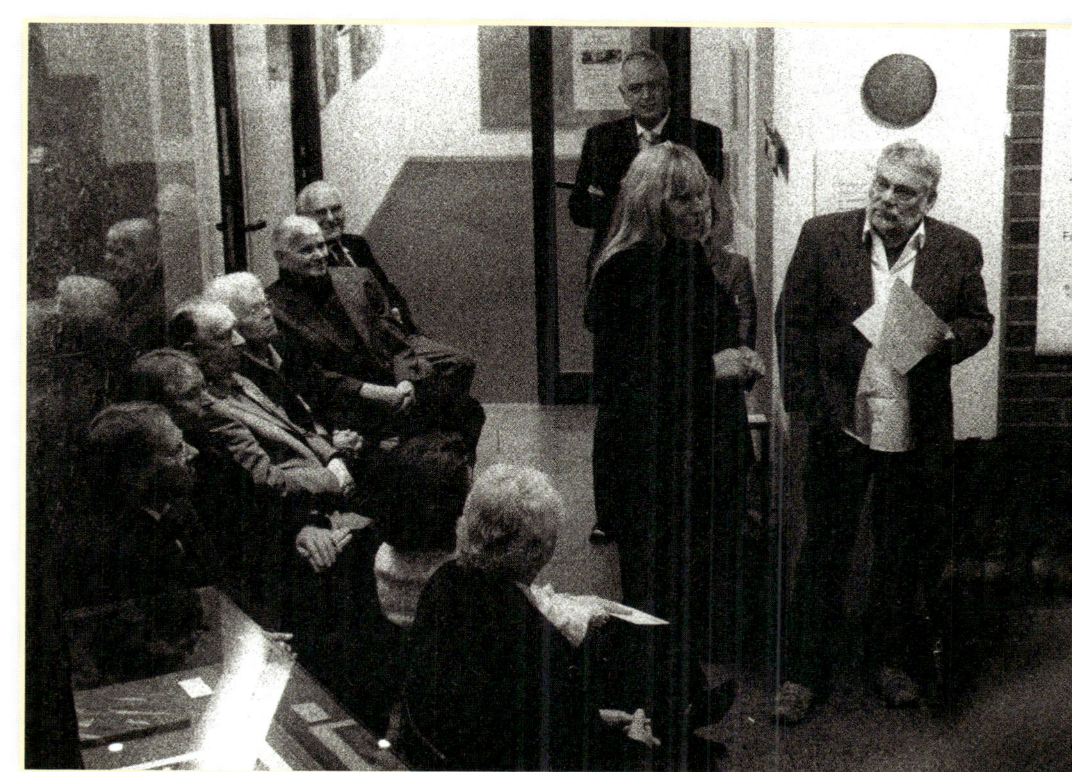

# EIN STÜCK JAPAN IN BUXTEHUDE

Ich nutzte die Chance des Umbaus auch dafür, mir in meiner neuen Buxtehuder Wohnung so viel japanisches Lebensgefühl nach Deutschland zu holen, wie möglich. Dazu gehört ein offener Wohnbereich, in dem die Gedanken fließen können. Es gibt bei mir kein separates Schlafzimmer. Nicht verzichten wollte ich aber auf ein anständiges Bett, ein Tatami auf dem Boden hätte mich nicht gereicht.

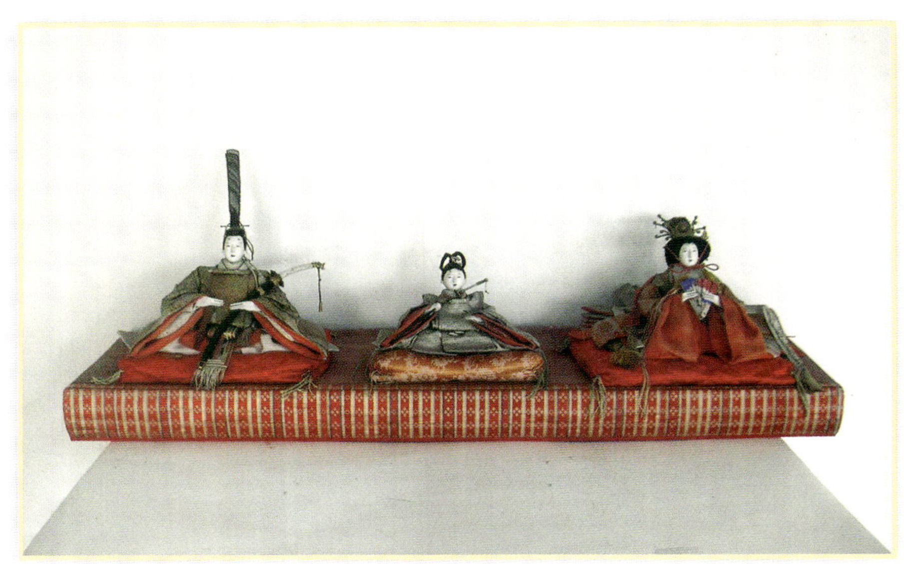

Hier habe ich mir die passende Umgebung geschaffen, um die Bücher von Kenzabruo Oe, Yasushi Inoue oder Haruki Murakami zu genießen und meine japanischen Teezeremonien durchzuführen. Diese Zeremonien sind für mich eine Art dadaistische Bewusstseinsmachung. Das bedachte Verrühren, Umfüllen und rituelle Weiterreichen ähnelt dem Kyudo-Bogenschießen, bei dem man ganz bewusst einzelne Gesten und Bewegungen durchführt, die Situation kontrolliert und auf den Punkt kommt. Wenn ich Japan trotzdem vermisse, bereite ich mir ein Shabbu Shabbu zu: Hauchdünn geschnittenes Fleisch im Feuertopf. Auch dabei handelt es sich um ein schönes Ritual, bei dem man sich nicht einfach das Essen reinschaufelt, sondern die Mahlzeit bewusst durchlebt.

## DIE PESTLEICHEN UNTER UNSEREM HAUS

Mit der Verantwortung für die große Immobilie in Buxtehude, die schon so lange meiner Familie gehört, begann ich ich mich auch für die Geschichte des Hauses zu interessieren. Und so stieß ich darauf, dass genau an dem Platz, an dem meine Familie lange ihr Fleisch über den Tresen verkaufte und heute die Deutsche Bank ihre Kunden betreut, einmal eine Armenkirche stand. In Schriften zur Buxtehuder Stadtgeschichte ist ganz eindeutig festgehalten, dass im Mittelalter das zweite Gebäude auf der rechten Seite der Langen Straße hinter dem Geesttor die Heilige-Geist-Kirche war. Sie wurde auch Heilige-Geist-Kapelle genannt und war eine von drei Buxtehuder Gotteshäusern, von denen nur die St.-Petri-Kirche übrig blieb. Spätestens im Jahr 1321 soll die Heilige-Geist-Kirche fertig geworden sein. Mir gefällt besonders die Tatsache, dass der Kirche ein Armenhaus und Spital angeschlossen war. Dieses Armenhaus war sogar das erste seiner Art in Buxtehude und die Aktivitäten der Armutsfürsorge können bis Anfang des 17. Jahrhunderts zurückverfolgt werden. Es lag direkt am Wasser am Arm des damaligen Südvivers.

Die Dokumente verraten auch, dass im Jahr 1625 fünf Frauen in der Wohnstätte innerhalb von kurzer Zeit starben. Dass es sich um eine Epidemie handelte, liegt nahe. Vielleicht war es die Pest, die nachweislich in den Jahren 1625 und 1627 in der Stadt aufgetreten sein soll. Die Pesttoten verfolgen mich bis heute in meinem Träumen. Ich erzähle immer, dass ich auf vielen Särgen wohne. Denn als meine Eltern im Jahr 1978 an dem Fleck ein neues Gebäude errichten ließen, wo ursprünglich die Kirche stand und später ein erstes Haus gebaut wurde, stießen die Bauarbeiter auf viele Särge. Auf unserem Grund und Boden waren wohl die Pesttoten vergraben worden. So hieß es damals, einen historischen Beleg habe ich nicht dafür. Vielleicht waren es auch die Überbleibsel des früheren Kirchfriedhofs. Jedenfalls hatte ich lange das Gefühl, dass sich die Toten im Schlaf bei mir beschweren, weil die Mauern so sehr auf ihnen lasten.

## SEIT 1904 IM FAMILIENBESITZ

In den Besitz meiner Familie gelangte das Haus und das Grundstück im Jahr 1904. Mit der Armenkirche war es nach der Reformation bergab gegangen. Für Gottesdienste wurde sie nicht mehr genutzt und verfiel langsam. 1866 wurde sie als Lagerraum verkauft. Zwischen 1872 und 1873 wich sie schließlich einem Neubau. Hinter dem Miets- und Geschäftshaus hielt bis 1889 ein Posthalter seine Pferde und Kutschen und betrieb gleichzeitig ein Gasthaus mit Ausschank – so war es früher üblich. Danach richtete dort erstmals erstmals ein gewisser Johann-Heinrich Lindemann eine Schlachterei ein. 1904 erwarb mein Großvater Hinrich Meyer, Fleischermeister aus Königreich, das gesamte Grundstück in der Langen Straße 47 und vermachte es meinem Vater Gustav Meyer im Jahr 1933. Von dem Gebäude ist noch die Fassade erhalten geblieben.

Ich werde sie restaurieren lassen, damit ein Teil des alten Buxtehudes, durch das ich als kleines Mädchen stolperte, erhalten bleibt. Und eines ist mir durch den Rückblick auf mein Leben klar geworden: Könnte ich zu diesem Punkt in der Zeit zurückreisen, würde ich alles noch einmal ganz genau so machen.

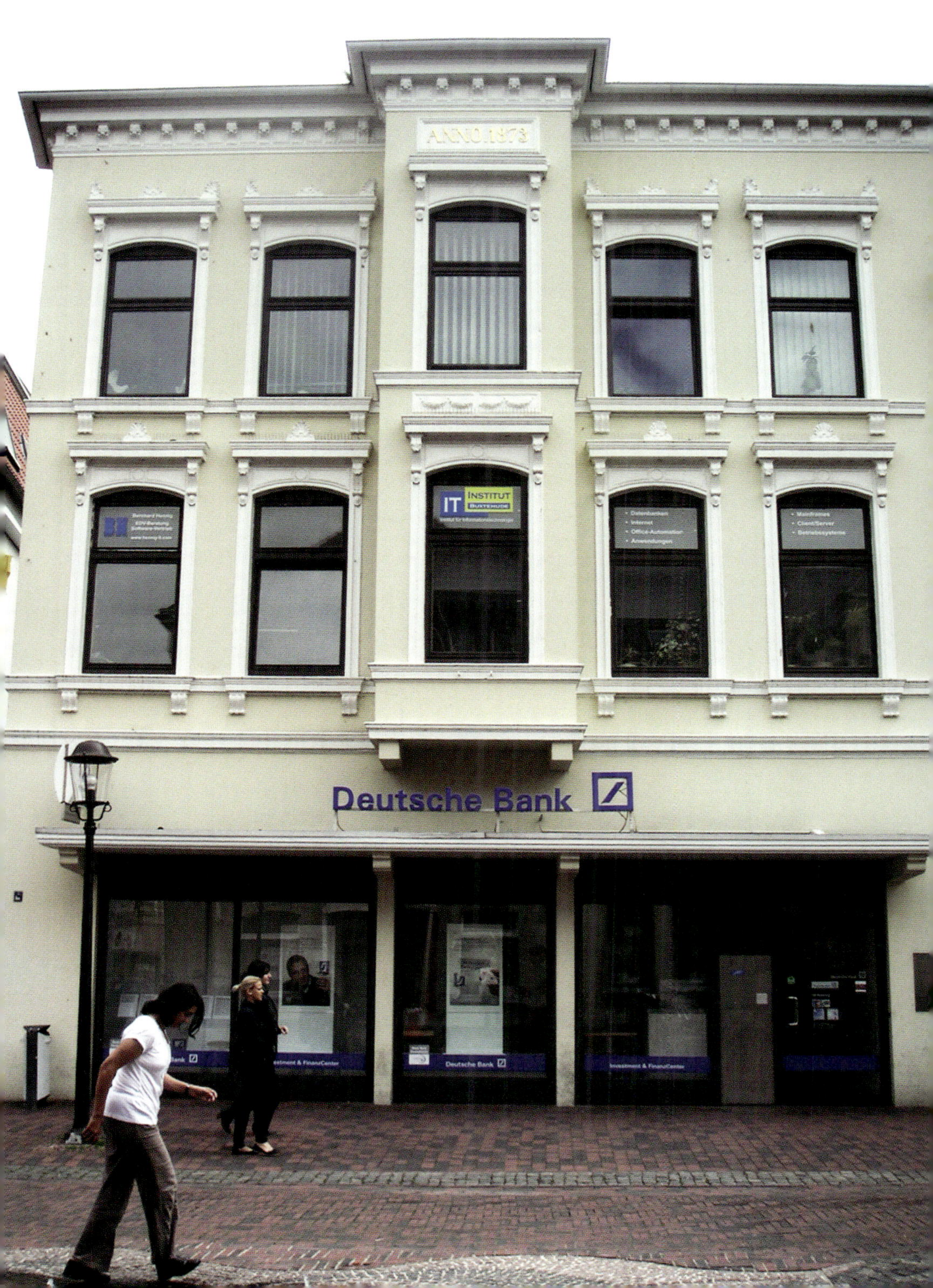
ANNO 1873
IT INSTITUT BUXTEHUDE
Deutsche Bank

# HISTORISCHE QUELLEN

1. „Buxtehude schreibt ein Buch", herausgegeben von der Buxtehuder Autorinnengruppe sage & schreibe, erschienen im Jahr 2013 im Verlag Atelier im Bauernhaus, 28870 Fischerhude.

2. Zeitungsartikel „Buxtehude im Wandel der Zeiten", erschienen am 22. Dezember 1972 im Buxtehuder Tageblatt, Zeitungsverlag Krause GmbH & Co. KG.

# DANKSAGUNG

Die Lichtblicke meines Lebens sind nun zwischen zwei Buchdeckel gepresst, damit hat sich für mich ein lang gehegter Traum erfüllt. Dafür möchte ich mich bei allen Beteiligten herzlich bedanken.

Dank an Sven Husung, der mich als Zuhörer, Schreiber und Ideengeber durch alle Phasen des Buchprojektes begleitet hat. Dank an meinen Lieblingsgrafiker Marc aus Berlin, der mich mit seinen Tipps tatkräftig beraten und dann dafür gesorgt hat, dass das Buch so wundervoll aussieht. Dank auch an Dr. Manfred Osten, der das Buch vorab gelesen und seine Einschätzung für den Klappentext beigesteuert hat. Dank außerdem an Wolf-Dietmar Stock, der mein Buch verlegt, sodass es im Programm des Verlages „Atelier im Bauernhaus" erscheint.